Henri Nouwen

Frieden stiften, Frieden leben

Henri Nouwen

Frieden stiften, Frieden leben

Claudius

Titel der amerikanischen Originalausgabe:
Henri Nouwen, Peacework: Prayer, Resistance, Community
Foreword by John Dear

Die Bibelzitate sind der Einheitsübersetzung entnommen.

Bibliografische Informationen Der Deutschen Nationalbibliothek
Die Deutsche Nationalbibliothek verzeichnet diese Publikation in der Deutschen Nationalbibliografie; detaillierte bibliografische Daten sind im Internet über <http://dnb.d-nb.de> abrufbar.

Birkerstraße 22, 80636 München
www.claudius.de

Umschlaggestaltung: Guter Punkt, München
Umschlagfoto: © Sophie Freiwald und Shutterstock
Druck: BELTZ Bad Langensalza GmbH, Bad Langensalza

ISBN 978-3-532-62434-0

Inhalt

Vorwort des Herausgebers

Henri Nouwen ist einer der meistgelesenen spirituellen Autoren der Gegenwart. Seine Bücher über spirituelles Leben, das Gebet, über Einsamkeit, die Eucharistie und den Tod haben Millionen Leser inspiriert. Sie spiegeln die veränderte kirchliche Sicht auf Jesus und die Bibel nach dem zweiten Vatikanischen Konzil.

Es ist beeindruckend, wie sehr Henri Nouwen sich darum bemüht hat, dem Inhalt seiner Bücher gemäß zu leben, seine großen spirituellen Visionen mit dem gewöhnlichen Alltag in Einklang zu bringen und inmitten der Welt das Evangelium zu verwirklichen. Wie jeder Mensch empfand Henri Nouwen dieses Bemühen als anstrengend, bedeutet es doch, Risiken einzugehen, nicht stehen zu bleiben und den uns von Gott in der Welt zugedachten Platz zu suchen.

Henri Nouwen, niederländischer Priester und Psychologe, viel gelesener Autor und bekannter Redner, war Professor in Notre Dame, Yale und Harvard. Auf dem Höhepunkt seiner Karriere zog er sich jedoch aus der akademischen Welt zurück. Er erwog ein Leben als Trappistenmönch oder als Missionar in Lateinamerika, schloss sich dann aber der Arche-Bewegung „Daybreak“ in Toronto an, um gemeinsam mit behinderten Menschen zu leben. Sein Versuch, die Botschaft des Evangeliums zu leben und konkret umzusetzen, bedeutete eine noch stärkere Hinwen-

Frieden in der Welt zu stiften
ist Kennzeichen jeder
authentischen Spiritualität.

dung zu authentischer Spiritualität und spirituellem Leben.

Henri Nouwen verschließt seine Augen nicht vor dem Leid und der Gewalt in der Welt. Dem Leid und der Gewalt setzte er Worte der Liebe, der Heilung und des Friedens entgegen, die auf den ersten Blick sentimental erscheinen mögen, denen jedoch eindeutig eine soziale und politische Spiritualität zugrunde liegt. Ihm ist klar, dass er in der Nachfolge Jesu zuerst das Gottesreich des Friedens und der Gerechtigkeit suchen muss und dass seine spirituellen Texte sämtliche Aspekte der Gottesherrschaft behandeln müssen – nicht nur individuelle Erlösung, sondern auch soziale und globale Veränderung. Diese umfassende Sicht macht Henri Nouwens Bücher so einzigartig.

Die Zahl spiritueller Lehrer, die Menge an Büchern über Spiritualität und die Vielfalt der Wege zum sogenannten „spirituellen Leben“ ist nahezu unüberschaubar. Als Jesuit, der sich seit über 25 Jahren für Frieden und Gerechtigkeit einsetzt, scheint mir jedoch, dass den meisten etwas Wesentliches fehlt: Sie blenden die Realität einer permanenten Bedrohung durch Krieg, Atomwaffen, Armut, Hunger, Aids und Umweltzerstörung aus. Diese sogenannten „politischen Fragen“ sind jedoch zutiefst spirituell, denn sie betreffen das Leben und den Tod. Aus diesem Grund ist

Jesus so leidenschaftlich für die Armen und eine Vision einer Gottesherrschaft des Friedens auf der Erde eingetreten und deshalb hat er sein Leben eingesetzt für eine Gemeinschaft von Friedensstiftern, die ebenso wie er erhobenen Hauptes der Ungerechtigkeit institutioneller Herrschaft entgegentreten.

Dem Bösen öffentlich zu widerstehen und Frieden in der Welt zu stiften sind Kennzeichen jeder authentischen Spiritualität. Leider bringen nur wenige Menschen spirituelles Leben und Krieg oder Armut und Atomwaffen miteinander in Verbindung. Die meisten Menschen halten ihre privaten spirituellen Erfahrungen von der „realen Welt" der Geschäfte, der Politik und Wahltaktik, der Bombenanschläge und der nationalen Sicherheit getrennt – vermutlich um Schwierigkeiten und Verunsicherungen in ihrem kirchlichen Umfeld zu vermeiden oder um nicht als unpatriotisch zu gelten. Sich angesichts weltweiter Gewalt passiv zu verhalten und zu schweigen widerspricht jedoch dem prophetischen Zeugnis des gewaltlosen Jesus. Doch statt uns an der göttlichen Herrschaft des Friedens und der Gerechtigkeit auszurichten, bleiben wir beim Status quo von Krieg und Ungerechtigkeit. Anscheinend können wir heute über Gebet und Spiritualität nur sprechen oder schreiben, wenn wir den Krieg im Irak, die Gewalt im Nahen Osten und die Weiterentwicklung von Atomwaffen

ignorieren und bereit sind hinzunehmen, dass zugleich die Ausgaben für Bildung, Arbeit, Wohnraum, Ernährung und medizinische Versorgung drastisch gekürzt werden. Nach verbreiteter Einstellung betreffen diese Tatsachen, so schlimm sie auch sein mögen, unser spirituelles Leben nicht und ebenso besteht angeblich keine Verbindung zwischen unseren privaten Gebeten und all den Horrormeldungen, von denen wir jeden Tag in der Zeitung lesen.
Im vorliegenden Buch betont Henri Nouwen diese Zusammenhänge nachdrücklich. Er bringt seine persönliche Gotteserfahrung, seine Kenntnisse der Pastoralpsychologie und sein Verständnis christlicher Nachfolge nicht nur mit den Armen und Unterdrückten in unserer Nachbarschaft in Verbindung, sondern auch mit der heutigen weltweiten Ungerechtigkeit. Diese Einsicht resultierte aus Henri Nouwens persönlichem Weg, der lange begonnen hatte, bevor er dieses Buch geschrieben hat, und den er bis zu seinem Tod gegangen ist.
In den 1960er Jahren schloss sich Henri Nouwen Martin Luther King bei den Selma-Montgomery-Märschen an, die einen Wendepunkt in der Bürgerrechtsbewegung markieren. Auch beim Trauerzug nach der Ermordung Martin Luther Kings ging er mit. In den 70er Jahren sprach er bei Antikriegsdemonstrationen und hielt Friedensandachten an der U-Boot-Basis in Connecticut. In den 80er Jahren

Die einzige Möglichkeit,
von der globalen Zerstörung wieder zur
Menschlichkeit zu finden,
besteht in einer Bekehrung des Herzens.

bereiste er die Kriegsgebiete in Nicaragua und Guatemala, sprach sich öffentlich gegen Ronald Reagans Contra-Krieg und das nukleare Wettrüsten aus und schloss sich den Protesten gegen die Kernwaffentests auf dem Nationalen Sicherheitsgelände Nevada an. Am 14. Januar 1991, dem Vorabend des ersten Golfkriegs, wandte sich Henri Nouwen in Washington an Zehntausende Menschen, prangerte den bevorstehenden Krieg an und rief die Christen auf, für den Frieden einzutreten. „Wie nie zuvor ist mir bewusst geworden", schrieb er mir kurz danach, „wie schwer es ist, den Frieden Jesu in seiner ganzen Radikalität zu verkünden in einer Welt, die die Lösung ihrer Probleme so schnell im Krieg sucht."

Henri Nouwen war klar, dass das spirituelle Leben den Einsatz für den Frieden von ihm forderte und dass er ein Friedensstifter und eine Stimme für den Frieden in der Welt sein musste, wenn er seiner Berufung als geliebtes Kind Gottes folgen wollte. In den 90er Jahren – ich saß wegen der Teilnahme an einer Antiatomdemonstration im Gefängnis – schrieb Henri Nouwen mir in langen aufbauenden Briefen von seinem Eintreten für den Frieden. Er verstand auch seine Arbeit in der Arche-Bewegung als Zeugnis gegen Krieg und Atomwaffen und sah sich als Teil der wachsenden Bewegung für Gewaltlosigkeit und Abrüstung. Er dachte sogar darüber nach, die eigene Verhaf-

Die Armen belehren uns
über das Leid
und die Ungerechtigkeiten der Welt.

tung zu riskieren, um seinen gewaltfreien Widerstand gegen Kriege und Waffen deutlich zu machen.

Henri Nouwens Entschluss, für Frieden und Gerechtigkeit einzutreten, wird immer noch weithin missverstanden oder sogar absichtlich ignoriert. Doch seine Verbundenheit mit den Armen und Ausgegrenzten, seine Solidarität mit den Bewegungen für Frieden und Gerechtigkeit und sein öffentliches Engagement gegen Krieg verleihen seinen Gedanken besondere Glaubwürdigkeit.

Henri Nouwen versuchte ein Leben des Friedens zu leben, die Vision des Friedens zu fördern und Wege zum Frieden zu lehren. In den frühen 80er Jahren, während der zunehmenden Spannungen des Kalten Kriegs, schrieb er als seinen kirchlichen Beitrag zur Friedensbewegung ein kleines Buch, mit dem er den Menschen, die für den Frieden demonstrierten, ein Fundament im Herzen des Friedens geben wollte: ein Fundament in Jesus, der dem Gott des Friedens ein Gesicht verleiht, und ein Fundament im Heiligen Geist. Er bezieht sich dabei weniger auf die politischen Zusammenhänge, sondern mehr auf die innere Einstellung des Menschen, denn er war überzeugt, dass die einzige Möglichkeit, von der globalen Zerstörung wieder zur Menschlichkeit zu finden, in einer Bekehrung des Herzens besteht, der dann soziale, politische und ökonomische Veränderungen folgen.

Einige Auszüge des Manuskripts wurden in einer kleinen Kirchenzeitung veröffentlicht. Henri Nouwen hatte jedoch nicht die Absicht, den Gesamttext zu publizieren. Nach seinem plötzlichen Tod 1996 stellte ich seine Schriften zu Frieden und Gerechtigkeit und einen Großteil des in der Kirchenzeitung veröffentlichten Manuskripts zu dem Buch „The Road to Peace" zusammen. Der vollständige Text einschließlich eines Kapitels über Gemeinschaft und einer Zusammenfassung wird hier zum ersten Mal veröffentlicht. Wäre Henri Nouwen noch am Leben, hätte er den Text vermutlich überarbeitet, anders akzentuiert und weitere Gedanken zur Spiritualität des Friedensstiftens hinzugefügt.

In den 90er Jahre befasste sich Henri Nouwen in dem kleinen Buch „The Path of Peace"[1] erneut mit dem Thema einer Spiritualität des Friedens. Neben Gebet, Widerstand und Gemeinschaft ergänzte er einen weiteren Punkt: das Empfangen des Friedens von den Schwachen, Gebeugten, den Armen und den Marginalisierten. Dieser Gedanke ist das Ergebnis seiner Erfahrungen in der Arche-Gemeinschaft und insbesondere mit Adam, einem schwer behinderten jungen Mann in der Gemeinschaft „Daybreak". Die Armen belehren uns über das Leid und

1 Auf Deutsch in: Nach Hause finden. Wege zu einem erfüllteren Leben, Freiburg 2010.

die Ungerechtigkeiten der Welt, vor allem aber, erklärt Henri Nouwen, teilen sie Gottes Geschenk des Friedens mit uns, ein Geschenk, das sie zuerst empfangen, wie es in den Seligpreisungen der Bergpredigt heißt. Zusammen mit dem vorliegenden Buch erlaubt „The Path of Peace" eine Zusammenschau auf Henri Nouwens Spiritualität des Friedensstiftens.

In unseren schweren Zeiten der Furcht und Angst, angesichts von Krieg und Terrorismus ist Henri Nouwens Botschaft des Friedens wichtiger denn je. Obwohl vor über 20 Jahren geschrieben, ist sein Gedanke vom „Haus der Angst" eine zutreffende Beschreibung der Welt von heute. Sein Aufruf, das Haus der Angst zu verlassen und das Haus der Liebe und des Friedens zu betreten[2], hat an Dringlichkeit noch gewonnen. Henri Nouwen lädt dazu ein, durch Gebet, aktiven Widerstand und gemeinsames Handeln für den Frieden einzutreten.

In der Welt nach dem 11. September mögen manche Henri Nouwens Spiritualität des Friedens als unpraktikabel, naiv und idealistisch abtun. Er schreibt jedoch aus biblischer Perspektive. Als spirituell Suchender wie als Lehrer war Henri Nouwen sich sicher, dass Gott ein Gott des Friedens ist und deshalb will, dass wir „Schwerter zu

2 Vgl. Henri Nouwen: Dem Leben neu begegnen. Wege aus der Angst, München 2011.

Wenn wir zu einer erwachsenen Spiritualität finden wollen, müssen wir Friedensstifter werden.

Pflugscharen“ (Micha 4,3) machen und „keinen Krieg mehr lernen“.[3] Henri Nouwen sah in Jesus einen Menschen, der den Weg des Friedens gegangen ist und wollte, dass auch seine Jünger Friedensstifter werden wie er selbst. In der Bergpredigt verheißt Jesus: „Selig sind die Friedfertigen, denn sie werden Kinder Gottes heißen“ (Matthäus 5,9). Diese Worte sind „Schlüsselworte für unser heutiges Leben als Christen“, schreibt Henri Nouwen in seiner Zusammenfassung. Wenn wir zu einer erwachsenen Spiritualität finden und wirkliche Jünger Jesu werden wollen, müssen wir aufstehen gegen die Doktrin des Krieges und Friedensstifter werden, unabhängig von der Meinung anderer. Heutzutage im christlichen Geist zu leben bedeutet nach Henri Nouwens Überzeugung, sich für einen Weg in der Welt zu entscheiden, der den Mächten der Zerstörung auch nicht den geringsten Tribut zollt. Seit Henri Nouwen diese Worte geschrieben hat, ist diese Herausforderung in nichts kleiner geworden.

Ich hoffe, dass viele Leserinnen und Leser die Meditationen Henri Nouwens bedenken und im Herzen bewegen und sich von seiner Weisheit über den Frieden mit all seinen sozialen und politischen Implikationen inspirieren lassen. Vor allem hoffe ich, dass diese Leserinnen und Le-

3 Auf Englisch: „study war no more“. Die Worte sind dem Spiritual „Down by the Riverside“ entnommen.

ser gewichtige Schritte für den Frieden unternehmen werden – so wie Henri Nouwen, durch öffentlichen Protest gegen Krieg, durch Demonstrationen gegen Atomwaffen und die Mitwirkung in den Bewegungen für einen gewaltfreien sozialen Wandel. An Henri Nouwens Leben wird deutlich: Wenn wir es wagen, uns auf die spirituelle Reise zu begeben und die Herausforderungen als einen Ruf zum Frieden annehmen, wird sich unsere Spiritualität vertiefen und wir werden reiche Frucht bringen.
Wenn wir die biblische Spiritualität des Friedens und der Gewaltlosigkeit leben, wie Henri Nouwen lehrt, werden wir erkennen, dass wir wirklich Gottes geliebte Söhne und Töchter sind. Um diesen Segen des Friedens Christi geht es im spirituellen Leben im eigentlichen Sinne.

John Dear

Einleitung

Ich muss schon allzu lange wohnen bei Leuten,
die den Frieden hassen.
Ich verhalte mich friedlich; doch ich brauche nur zu reden,
dann suchen sie Hader und Streit.

Psalm 120,6-7

Seit dem 6. August 1945, dem Tag, an dem die erste Atombombe im Krieg eingesetzt wurde, hat Friedensstiften eine vollkommen neue Bedeutung: Seitdem geht es darum, die Menschheit vor dem kollektiven Suizid zu bewahren. Am 6. August 1945 – die Christen feierten an diesem Tag die Verklärung Jesu am Berg Tabor – begann das Atomwaffenzeitalter mit einem Lichtblitz, der Hiroshima einäscherte und 125.000 Menschen tötete. An diesem Tag wurde der Segen, der den Friedfertigen gilt, zu dem für unser Jahrhundert entscheidenden Segen. Die Bombardierung Hiroshimas und das folgende nukleare Wettrüsten haben das Friedensstiften zur wichtigsten Aufgabe der Christen gemacht. Die Zahl anderer dringlicher Aufgaben ist groß: die Feier des Gottesdiensts, die Evangelisierung, die Überwindung der Kirchenspaltung, der Kampf gegen die weltweite Armut und den Hunger, die Verteidigung der Menschenrechte. Aber all diese Aufgaben sind eng verbunden mit der einen Herausforderung, die über

Die Aufforderung Jesu, Frieden zu stiften, gilt bedingungslos, grenzenlos und kompromisslos.

allen anderen steht: Frieden zu stiften. Frieden zu stiften bedeutet heute, der Menschheit eine Zukunft zu geben und unser gemeinsames Weiterleben auf diesem Planeten zu ermöglichen.

Jede der Seligpreisungen, die Jesus in der Bergpredigt verkündet, gilt allen Menschen und für alle Zeiten. Doch zu manchen Zeiten sind manche Worte deutlicher vernehmbar als andere. Im 13. Jahrhundert hat der Heilige Franz von Assisi den Segen hervorgehoben, der den Armen gilt. Im 19. Jahrhundert haben zahlreiche Heilige und Visionäre den Segen für die Menschen reinen Herzens betont. Das 20. Jahrhundert ist eindeutig das Jahrhundert der Friedfertigen. Im Buch Prediger heißt es: „Ein jegliches hat seine Zeit ... schweigen hat seine Zeit, reden hat seine Zeit ... Krieg hat seine Zeit, Frieden hat seine Zeit" (Prediger 3,1.7-8). Jetzt ist die Zeit, für den Frieden zu sprechen. Wenn wir das nicht begreifen, wird keine Zeit mehr für irgendetwas sein, denn ohne Frieden ist Leben nicht möglich. In der Rückschau wird das 20. Jahrhundert das Jahrhundert derjenigen sein, die ihr Leben dem Frieden gewidmet haben.

Ich möchte in diesem Buch zeigen, warum der Einsatz für den Frieden das Christsein wesentlich ausmacht. Für Frieden einzustehen ist etwas völlig anderes als der Beitritt zum Kirchenchor. Christsein ohne Frieden zu stiften

ist unmöglich. Unsere Aufgabe besteht nicht darin, dass wir zuzeiten unsere Aufmerksamkeit der Kriegspräventi-on widmen oder dass wir etwas von unserer freien Zeit in Friedensaktivitäten investieren. Wir sind vielmehr zu ei-
nem *Leben* des Friedensstiftens aufgerufen, in dem alles, was wir tun, sagen, denken und träumen, zu unserem Bemühen um Frieden in der Welt beiträgt. Ebenso wie Jesu Gebot der Nächstenliebe nicht zeitlich begrenzt gilt, sondern unseren gesamten Einsatz und unsere ganze Hingabe erfordert, gilt auch die Aufforderung Jesu, Frieden zu stiften, bedingungslos, grenzenlos und kompromisslos. Niemand ist ausgenommen! Frieden zu stiften ist keine Spezialaufgabe für Experten, die sich im politischen und militärischen Bereich auskennen, oder für radikal denkende Menschen, die Flugblätter verteilen, demonstrieren oder zivilen Ungehorsam praktizieren. Weder Experten noch Radikale vermögen den unleugbaren, an alle Christen gerichteten Aufruf, Friedensstifter zu sein, zum Verstummen zu bringen. Friedensstiften ist eine Vollzeitaufgabe für jedes Mitglied im Volk Gottes.

Wie sähe die Welt aus, wenn sich alle Christen – in Australien, Europa, Afrika, Nord- und Südamerika – ohne Vorbehalte zum Frieden bekennen würden? Wie sähe die Welt aus, wenn alle Christen – junge, mittelalte und alte – laut und klar und in Worten und Taten bekennen würden:

„Ich bin für den Frieden!“? Und wie sähe die Welt aus, wenn alle Christen – Protestanten, Katholiken, Orthodoxe – gemeinsam Zeugnis ablegten für den einen, den Gottessohn des Friedens, für Jesus? Was würde eine solche Gewissensübereinstimmung bewirken? Würden wir immer noch jeden Monat Milliarden für eine ausgeklügelte Todesmaschinerie ausgeben, während Millionen Menschen hungern? Würden wir immer noch in ständiger Angst vor dem drohenden nuklearen Holocaust leben? Gäbe es immer noch Eltern, die es für unverantwortlich halten, Kinder in diese Welt zu setzen, und Kinder, die sich fragen, ob sie überhaupt die Chance haben, ein gewisses Alter zu erreichen?

Tragischerweise ist das Wort „Frieden“ auf dämonische Weise verkommen. Viele Menschen verbinden mit diesem wunderbaren Wort Sentimentalität, Utopie, Radikalismus, Romantik und sogar Unverantwortlichkeit. „Du bist für den Frieden“ scheint allzu oft zu bedeuten: „Du bist ein Träumer.“ Der Gedanke, Zeit, Geld und Energie für ein Friedensministerium zu investieren, wird vielfach belächelt und als Idee von Fantasten abgetan, die nicht mit beiden Beinen auf dem Boden der Tatsachen stehen. Und wenn sich die Möglichkeit bietet, einen Hafen für atomar bewaffnete U-Boote zu bauen, denken viele zuerst an neue Arbeitsplätze und nicht an die Verhinderung von Krieg.

Echte Worte des Friedens sind in unserer Welt kaum zu vernehmen.

„Wenn ich vom Frieden spreche, dann suchen sie Hader und Streit.“ Diese Worte aus Psalm 120 treffen heute mehr zu denn je. Jeden Tag wird in Zeitung, Radio und Fernsehen unsere schamlose Sucht offenbar, Zähne zu zeigen, zu kämpfen und die stärkste Supermacht zu sein. Echte Worte des Friedens sind in unserer Welt kaum zu vernehmen und wenn sie dennoch ausgesprochen werden, misstraut man ihnen. Wenn sie vom Feind gesprochen werden, handelt es sich um „reine Propaganda“. Während das Wort „Freiheit“ voller Selbstvertrauen ausgesprochen wird, wird „Frieden“ nur zögerlich erwähnt, oft mit der Angst, als unloyal oder nicht vertrauenswürdig zu gelten.

Muss das so bleiben? Müssen wir permanent unter dem Lärm der Kriegstrommeln leiden? Müssen wir uns immer und immer wieder anhören, dass wir zum Schutz unserer Werte und unseres Lebens mehr und noch wirksamere Waffen benötigen? Müssen wir den verwirrenden Reden darüber folgen, dass 10.000 strategische und 22.000 taktische Nuklearwaffen, mit denen jede größere russische Stadt 40-mal in Schutt und Asche gelegt werden kann, noch nicht genug sind? Müssen wir unseren Geist belasten mit dem Zerstörungspotenzial von Interkontinentalraketen, Kampfflugzeugen und U-Booten mit atomarer Bewaffnung? Und müssen wir wirklich darüber diskutieren,

Das Doppelgebot der Liebe erfordert ständige Wachsamkeit, Entschiedenheit und aktives Handeln.

ob in einem begrenzten Atomkrieg der Tod von 15 Millionen Menschen akzeptabel ist? Müssen wir die Vorbereitung des größten Massenmords in der Geschichte noch weiter vorantreiben?

Wir haben lange genug mit den Feinden des Friedens unter einem Dach gelebt. Wir haben uns lange genug beeindrucken lassen von „den Herrschern, Großen und Obersten, den Reichen und den Einflussreichen" (vgl. Offenbarung 6,15), die uns weismachen wollen, dass die politische Situation zu kompliziert ist und wir uns deshalb über die Möglichkeiten und den Willen zum Frieden kein Urteil erlauben können. Sie wollen uns einreden, dass die Verteidigungsstrategien für unser Verständnis zu komplex sind. Wir haben lange genug geschwiegen zu den Kriegstreibern und ihrem Bestreben, die dämonischen Auswüchse ihrer Fantasie im Einsatz zu sehen. Doch wie inkompetent, vereinfachend und naiv klingt unser Ruf: „Wir sind für den Frieden!" Die sophistischen Argumente derer, die uns einreden wollen, wir könnten Krieg und Frieden wegen ihrer Komplexität nicht verstehen, lähmen uns und rauben unsere Kraft.

Die Wahrheit ist jedoch vielleicht ganz einfach. Die komplizierte Begrifflichkeit des Militärs – Kernfusion und Kernspaltung, Gleichgewicht des Schreckens, manövrierfähige Wiedereintrittskörper, Interkontinentalraketen –

verdeckt womöglich nur das Gesicht des einen, der da spricht: „Du sollst den Herrn, deinen Gott, lieben mit ganzem Herzen und ganzer Seele, mit all deiner Kraft und all deinen Gedanken, und: Deinen Nächsten sollst du lieben wie dich selbst“ (Lukas 10,27). Ganz einfach ist diese Weisheit und zugleich doch schwer, denn sie erfordert ständige Wachsamkeit, Entschiedenheit und aktives Handeln. Diese schwere Wahrheit des Friedens muss verkündet und gelebt werden – konkret, engagiert, klug, achtsam, liebevoll und stets von Neuem.

Es fällt mir nicht leicht, über das Thema zu schreiben. Ich habe lange ein starkes Zögern verspürt, über den Frieden zu sprechen oder zu schreiben. Ich habe so lange unter einem Dach mit Menschen gelebt, die Protest und Friedensbewegung als Ausdruck jugendlicher Rebellion oder antipatriotischer Einstellung sehen, dass ich mich scheue zu bekennen: „Ich bin für den Frieden.“ Dieses Zögern geht zu einem großen Teil auf meine Zeit in der niederländischen Armee zurück. Obwohl ich als Theologiestudent vom Militärdienst befreit war, meinte ich, nicht von der Erfahrung ausgeschlossen sein zu sollen, die all die anderen jungen Männer machen: zwei Jahre Wehrdienst für ihr Land. So meldete ich mich freiwillig zum Dienst als Militärseelsorger, absolvierte eine Grundausbildung und arbeitete als Priester und Psychologe in der psychologischen Betreuung. Ich habe gute Erinnerungen an diese Zeit. Ich genoss den Teamgeist, lernte Menschen kennen, die ich sonst nie getroffen hätte, erweiterte mein psychologisches Wissen, fühlte mich gebraucht und fand engere Freunde als in den sechs Jahren meiner theologischen Ausbildung.

Kriegsdienstverweigerung kam damals nur für wenige infrage, „normale" Katholiken und Protestanten lehnten Kriegsdienstverweigerung ab. Es fühlte sich gut an, das eigene Land zu verteidigen; kein „richtiger Mann" würde sich dieser Pflicht entziehen. Mehr noch, ich liebte die Uniform: Sie sah wesentlich eindrucksvoller aus als mein schwarzer Anzug mit Priesterkragen.

Zur Zeit des Vietnamkriegs lebte ich in den USA. Durch die Gespräche mit einem befreundeten Offizier, der den weiteren Dienst an der Waffe verweigerte und damit eine Gefängnisstrafe riskierte, änderte sich allmählich meine Einstellung. Diejenigen, die die amerikanische Einmischung in Vietnam ablehnten, schienen mir nicht länger egoistische Feiglinge oder sentimentale Tagträumer zu sein, sondern Menschen, denen klar geworden war, dass Krieg unmoralisch, illegal und ungerecht ist, und die es wagten, ihren Überzeugungen gemäß zu handeln.

Zu meinen Tätigkeiten in dieser Zeit gehörte auch die Beratung von Kriegsdienstverweigerern. Wie passt es dazu,

Die Herstellung, der Besitz und die Anwendung von Atomwaffen sind unmoralisch.

dass ich eines Tages einen Brief vom Büro des Kaplansamts mit der Mitteilung bekam, es habe Königin Juliana gefallen, mich zum Major der Reserve Ihrer Königlichen Armee zu befördern? Ich las den Brief mit reichlich gemischten Gefühlen.

Nicht jedoch nur meine Erfahrungen in der Armee ließen mich zögern, mich der Friedensbewegung anzuschließen. Meine Wahrnehmung vom Auftreten, der Ausdrucksweise und des Verhaltens der Menschen bei Antikriegsdemonstrationen in den 60er Jahren ließ mich am Sinn zahlreicher Aktionen zweifeln. Die vielen Konflikte und Abgrenzungen innerhalb der Friedensbewegung ließen mich innerlich auf Distanz gehen. Mit Respekt dachte ich an die Sauberkeit, Ordnung, Disziplin und übereinstimmende Haltung der Menschen, die ihrem Land in der Armee dienen. Inzwischen bin zutiefst überzeugt, dass die Herstellung, der Besitz und die Anwendung von Atomwaffen unmoralisch sind. Trotzdem bin ich noch heute nervös, wenn ich über den Frieden spreche oder mich gegen den Krieg engagiere, besonders wenn ich mit Leuten zu tun habe, deren Einstellung und Ideologie mir sehr fremd sind.

All diese Erinnerungen und Erfahrungen berühren jedoch nicht die Wahrheit, dass alle Menschen zum Frieden aufgerufen sind, ungeachtet ihrer Unterschiedlichkeit, unge-

Für die Menschen dieser Welt
darf kein Zweifel daran bestehen, dass
Christen Friedensstifter sind.

achtet ihrer Einstellungen, ihrer ethnischen Herkunft, ihrer religiösen Bindungen, ungeachtet ihres sozialen Umfelds, ja selbst ungeachtet ihrer individuellen Persönlichkeit. „Selig sind die Friedfertigen, denn sie werden Kinder Gottes heißen" (Matthäus 5,9). Diese Worte Jesu können nicht länger im Hintergrund unserer christlichen Überzeugung stehen. Sie brechen mit solcher Eindringlichkeit in unser Leben ein, dass vollkommen klar ist: Jetzt ist der Tag, jetzt ist die Stunde, gemeinsam zu bekennen: „Ich bin für den Frieden."

Für Christen ist es heute unerlässlich, dem Wort „Frieden" dieselbe Wichtigkeit beizumessen wie dem Begriff „Freiheit". Für die Menschen dieser Welt darf kein Zweifel daran bestehen, dass Christen Friedensstifter sind.

Ich spreche diese Überzeugung gerade deshalb so direkt aus, weil ich mir der vielen Fragen bewusst bin, über die sich Christen oft entzweien. Manche plädieren für die Vorstellung vom gerechten Krieg, andere für einen radikalen Pazifismus. Die Literatur über Gewaltlosigkeit, Gewissensentscheidung und zivilen Ungehorsam ist fast unüberschaubar. Möge die Uneinigkeit unter den Christen im weiteren Fortgang der Diskussion weniger groß sein. Es wäre tragisch, wenn die Meinungsunterschiede das Volk Gottes davon abhielten, eindeutig und überzeugend für den Frieden zu sprechen. Die Dringlichkeit des Einsatzes für den Frieden muss dazu führen, dass wir mit *einer* spirituellen Stimme sprechen, selbst wenn taktische und strategische Details erst noch geklärt werden müssen. Ich konzentriere mich deshalb hier nicht darauf, was noch zu tun bleibt, sondern darauf, was uns die Kraft gibt, gemeinsam zu sprechen und zu handeln, um *jetzt* den globalen Holocaust abzuwenden.

Deshalb halte ich fest: Der Einsatz für den Frieden gehört zum Kern unserer christlichen Berufung. Er ist eine Vollzeitaufgabe für alle Christen. Die Arbeit für den Frieden ist im 20. Jahrhundert zur wichtigsten Aufgabe der Christen geworden. Diese Feststellungen zeigen, warum es mir so wichtig ist, zur Entwicklung einer Spiritualität des Friedensstiftens beizutragen.

Vom Standpunkt der christlichen Tradition aus gesehen sage ich nichts, was nicht schon zuvor gesagt worden wäre. Im Blick auf die Dringlichkeit, auf den Frieden hinzuwirken, spreche ich jedoch völlig Neues an. Deshalb fordern meine Ausführungen wenig und viel zugleich. Ich fordere nicht dazu auf, sich in einer bestimmten Organisation oder bei einem speziellen Projekt zu engagieren. Ich schlage nicht einmal eine besondere Veränderung in unserer Arbeit und unserem Familienleben vor. Es geht mir vielmehr um eine Bekehrung der ganzen Person, sodass alles, was wir tun, sagen und denken, Teil unserer

Berufung zu Friedensstiftern wird. Eine solche Bekehrung kann einzelne Veränderungen und besondere Aktionen bewirken, jedoch auch dazu führen, dass wir unser Leben auf völlig neue Weise führen.

Ich schreibe für alle, die für den Frieden eintreten wollen – ob sie auf dem Land leben oder in der Großstadt, ob sie in einer Fabrik oder an der Universität arbeiten, ob sie verborgen in einem Kloster wirken oder auf offener Straße. Der Einsatz für den Frieden ist nicht an einen Stundenplan gebunden, an einen Beruf oder eine Begabung. Der Ruf, für den Frieden zu arbeiten, ist ebenso grundlegend wie das Liebesgebot. Ich schreibe in erster Linie für Christen, hoffe jedoch, dass auch andere den Auftrag, Friedensarbeiter zu sein, als eine Berufung verstehen, die allen Menschen gilt. Ganz besonders gelten meine Worte besonderen Freunden, Männern und Frauen, die ich in den vergangenen Jahrzehnten kennengelernt habe und mit denen mich eine tiefe Zuneigung verbindet. Manche haben sich völlig der Friedensarbeit verschrieben und nehmen dafür große Nachteile für ihre Familien und ihre Karriere sowie persönliche Einschränkungen in Kauf. Einige wenige haben sich ganz der kontemplativen Friedensarbeit zugewandt. Viele suchen noch nach ihrer besonderen Berufung im Dienst am Frieden. Sie alle haben zu diesem kleinen Buch beigetragen. Ich vertraue darauf,

Der Ruf, für den Frieden zu arbeiten, ist ebenso grundlegend wie das Liebesgebot.

dass ihre Gegenwart in meinem Leben meine Gedanken konkret genug werden lässt, damit sich nicht nur die angesprochen fühlen, die mitten im Kampfgetümmel stehen, sondern auch die, die noch zögerlich vom Rand aus zuschauen.

Meine Ausführungen beziehen sich auf drei Hauptthemen: Gebet, Widerstand und Gemeinschaft. Es ist keine neue Erkenntnis, dass wir beten müssen, um dem Bösen zu widerstehen und in Liebe zusammenzuleben. Kaum ein spirituelles Buch, das diese Einsicht nicht auf die eine oder andere Weise ausspricht. Ich will sie hier noch einmal wiederholen. Ich will diese Einsicht wiederholen für eine Welt, die zur Selbstzerstörung bereit ist, für eine Welt, die nicht länger zwischen Frieden und Krieg wählen kann, sondern nur noch zwischen Frieden und dem Ende der Geschichte. In einer solchen Welt gewinnt die uralte Aufforderung zu Gebet, Widerstand und Gemeinschaft ganz neue Aktualität.

Gebet

Nur eines erbitte ich vom Herrn, danach verlangt mich:
im Haus des Herrn zu wohnen alle Tage meines Lebens ...
Denn er birgt mich in seinem Haus am Tag des Unheils;
er beschirmt mich im Schutz seines Zeltes,
er hebt mich auf einen Felsen empor.
Nun kann ich mein Haupt erheben über die Feinde,
die mich umringen.
Ich will Opfer darbringen in seinem Zelt.

Psalm 27,4-6

Wo stehen wir?

Ein Friedensstifter betet. Gebet ist Anfang und Ende, Wurzel und Frucht, Kern und Inhalt, Grundlage und Ziel aller Friedensarbeit. Diese Feststellung benennt den zentralen Punkt: Frieden ist ein göttliches Geschenk, das uns im Gebet zuteilwird.

In den Abschiedsreden spricht Jesus zu seinen Jüngern: „Frieden hinterlasse ich euch, meinen Frieden gebe ich euch; nicht einen Frieden, wie die Welt ihn gibt, gebe ich euch" (Johannes 14,27). Wenn wir Frieden erreichen wollen, müssen wir zuerst die Wohnungen der Friedenshasser verlassen und das Haus dessen betreten, der uns seinen Frieden anbietet. Darum geht es beim Gebet: ein neues Haus zu betreten. Die Frage lautet: „Wo stehst du? Zu wem gehörst du? Wo bis du zu Hause?“ Beten bedeutet, im Haus Gottes zu leben. „Denn er birgt mich in seinem Haus am Tag des Unheils“ und „Nun kann ich mein Haupt erheben über die Feinde“ (Psalm 27,5-6). Als Erstes müssen wir uns vor der Verführung derer schützen, die den Tag der Zerstörung und das endgültige Ende vorbereiten. Jesus spricht: „Nehmt euch in Acht, dass Rausch und Trunkenheit und die Sorgen des Alltags euch nicht verwirren und dass jener Tag euch nicht plötzlich überrascht, so wie man in eine Falle gerät; denn er wird über alle Bewohner der ganzen Erde hereinbrechen. Wacht und betet allezeit, damit ihr allem, was geschehen wird, entrinnen und vor den Menschensohn hintreten könnt“ (Lukas 21,34-36).

Beständig im Gebet zu sein ist der erste Aspekt der Friedensarbeit. Was bedeutet das konkret für uns? Wie sollen wir Abstand zu den andauernden Sorgen unseres Alltags gewinnen? Um eine Antwort auf diese Frage zu finden, müssen wir zunächst kritisch bedenken, wie die Alltagssorgen uns gefangen nehmen. Erst dann werden die verwandelnde Kraft und die zentrale Rolle des Gebets beim Einsatz für den Frieden erkennbar.

Verletzungen und Bedürftigkeit

Wenn ich unser alltägliches Verhalten bedenke, bedrückt mich immer wieder, wie bedürftig wir sind. Wohin wir auch sehen, wir sind bedürftig: Wir haben ein Bedürfnis nach Aufmerksamkeit, Zuneigung, Einfluss, Macht und vor allem nach Anerkennung. Wenn wir ehrlich vor uns selbst überlegen, warum wir tun, was wir tun, sagen, was wir sagen, und denken, was wir denken, stellen wir mit Erschrecken fest, dass selbst unsere selbstlosesten Handlungen, Worte und Gedanken in diesen Bedürfnissen gefangen sind.

Wenn wir einen Freund trösten wollen, fragen wir uns zugleich, ob er unser Bemühen würdigt. Wenden wir Zeit und Geld für den Kampf gegen Hunger und Unterdrückung in der Welt auf, ist das auf subtile Weise auch ein Streben nach Lob und Anerkennung. Berichte über Hilfseinsätze verfolgen wir oft mit Neugier und Sensationshunger. Und selbst wenn wir leidenschaftlich und aus tiefer Überzeugung über die Demut und Nachsicht Jesu sprechen, können wir der Versuchung nicht widerstehen, uns selbst in den Mittelpunkt zu stellen. Ein Großteil unseres Verhaltens, selbst unseres guten Tuns, ist also ein – vielleicht unbewusster – ängstlicher Versuch, für uns selbst einzutreten, im Mittelpunkt zu stehen und der

Der Mensch hat ein Bedürfnis nach Aufmerksamkeit, Zuneigung, Einfluss, Macht und vor allem nach Anerkennung.

Welt begreiflich zu machen, dass mit uns zu rechnen ist. Das ist die „Tugend" der Sünder, die Jesus immer wieder harsch kritisiert.

„Wenn ihr nur die liebt, die euch lieben, welchen Dank erwartet ihr dafür? Auch die Sünder lieben die, von denen sie geliebt werden. Und wenn ihr nur denen Gutes tut, die euch Gutes tun, welchen Dank erwartet ihr dafür? Das tun auch die Sünder. Und wenn ihr nur denen etwas leiht, von denen ihr es zurückzubekommen hofft, welchen Dank erwartet ihr dafür? Auch die Sünder leihen Sündern in der Hoffnung, alles zurückzubekommen" (Lukas 6,32-34).

Warum ist es so schwer, diesen seltsamen moralischen Handel zu überwinden, demzufolge jede gute Tat ihren Preis hat? Warum beschädigen unsere Bedürfnisse so oft noch die selbstloseste Geste? Unser Bedürfnis nach Zuwendung, Aufmerksamkeit, Einfluss und Macht rührt von sehr alten, oft verdrängten Verletzungen her, die durch Erfahrungen der Ablehnung, fehlende Wertschätzung oder Zurückweisung verursacht sein können. Diese Verletzungen können mit Ereignissen der Vergangenheit zu tun haben, mit vagen Erinnerungen oder mit zufällig gehörten Gesprächen. Sie können mit der Familie, mit Lehrern oder Freunden zusammenhängen, einen konkreten Anlass haben oder genereller Natur sein. Immer aber stellen sie unser Selbstwertgefühl infrage. Dieser grundlegen-

In Habgier, Gewalt, Folter, Mord und
willkürlicher Zerstörung
bricht sich ein gequälter Schrei einer
zutiefst verletzten Menschheit Bahn.

de Selbstzweifel führt zu einer besorgten Suche nach Selbstwert, die sehr leicht egozentrisch, oft sogar destruktiv wird.

34 In all der Habgier, Gewalt, Vergewaltigung, Folter, Mord und willkürlichen Zerstörung bricht sich ein gequälter Schrei der ganzen Welt Bahn, der Schrei einer zutiefst verletzten Menschheit, die keine sichere Wohnstatt mehr hat, sondern in verzweifelter Suche nach Liebe und Trost auf der Erde umherirrt.

Aus Verletzungen resultierende Nöte lassen sich nicht einfach erklären. Wir mögen andere für unsere Probleme verantwortlich machen und sie deshalb anklagen, wir mögen glauben, dass alles anders gekommen wäre, wenn nur irgendjemand etwas anderes gesagt oder getan hätte. Doch immer sind wir selbst Teil einer Abfolge von Verletzungen und einer Bedürftigkeit, die sich allerdings nicht allein aus unseren Erinnerungen und Wünschen erschließen. Vielleicht hängt unser unstillbares Bedürfnis, geliebt zu werden, mit Zurückweisungen im Kleinkindalter zusammen. Doch haben unsere Eltern nicht ebenfalls Verletzungen erfahren und Bedürfnisse entwickelt, die auf ihre Eltern und Großeltern zurückgehen und immer noch weiter in verborgene Tiefen zurückreichen? Umgekehrt setzen wir womöglich alles daran, in den Augen unserer Kinder und Freunde untadelig zu sein, sie nicht zu verletzen und ihnen das Leid zu ersparen, das wir selbst erfahren haben. Und dennoch werden wir zu der schmerzlichen Einsicht gelangen, dass auch sie sich verletzt fühlen und immerzu nach einer Liebe suchen werden, die wir ihnen nicht geben können. Diese große Tragik des Menschseins, die Tragik der Empfindung von Heimatlosigkeit durchweht die Geschichte und wird in einer anscheinend endlosen Abfolge menschlicher Konflikte unter Einsatz zunehmend zerstörerischer Waffen von einer Generation zur nächsten weitergegeben. Die ständige Wiederholung von Verletzungen und daraus resultierender Bedürftigkeit lässt ein Milieu entstehen, in dem Menschen „den Frieden hassen" (Psalm 120,6). In diesem Milieu gedeihen Dämonen und dennoch wirkt es anziehend, weil wir nämlich alle verwundet und bedürftig sind.

Es ist eine schockierende Erkenntnis, dass das, was wir für einen Einsatz im Namen Gottes halten, womöglich in einem solchen Ausmaß von unseren Verwundungen und unserer Bedürftigkeit bestimmt ist, dass daraus nicht Frieden, sondern Ressentiment, Wut und Gewalt erwachsen. Welche Ironie, dass der Satan gerade dort sein sicherstes Versteck findet, wo wir am intensivsten für das Reich Gottes arbeiten. Wir müssen uns klarmachen: Der „Widersacher, der Teufel, geht wie ein brüllender Löwe umher und sucht, wen er verschlingen kann" (1. Petrus 5,8).

Er ist oft am erfolgreichsten, wenn wir es am wenigsten erwarten. Solange wir die dunklen Seiten der Konflikte und Kriege in unserem alltäglichen Leben nicht erkennen, werden wir niemals die Grausamkeit, Folter und den Massenmord verstehen, von denen die Zeitungen jeden Tag berichten. Für wie viel dämonisches Handeln wird der Name Gottes missbraucht! Dahinter verbirgt sich der Satan und wir müssen ihm die Maske vom Gesicht reißen, wenn wir Friedensstifter sein wollen. Es mag leicht sein, die Mächte der Finsternis in der Welt zu erkennen; dieselben Mächte in unseren eigenen „guten Werken" zu erkennen ist dagegen ungeheuer schwer. Selbstzweifel, innere Unruhe, die Angst, allein gelassen zu werden, das Bedürfnis nach Anerkennung und das Verlangen nach Ansehen und Beliebtheit sind oft stärkere Beweggründe für unsere Friedensarbeit als wahres Dienen. Diese Beweggründe bringen Elemente des Kriegs mitten in unseren Einsatz für den Frieden.

Erst wenn wir bereit sind, immer wieder zuzugeben, dass unsere eigenen Hände schmutzig sind, sogar bei unserer Friedensarbeit, können wir die ganze Tragweite des Einsatzes für den Frieden ermessen.

Es ist eine Tragödie, dass Grausamkeit und inhumanes Handeln immer wieder als Einsatz im Namen Gottes gerechtfertigt werden. Nach der Atombombenexplosion

Grausamkeit und inhumanes Handeln werden immer wieder als Einsatz im Namen Gottes gerechtfertigt.

über Hiroshima schrieb Präsident Harry S. Truman: „Wir danken Gott, dass wir die Bombe haben ... Wir beten, er möge uns lehren, sie in seinem Sinne und für seine Ziele einzusetzen." In der Geschichte Guatemalas findet sich ein weiteres widerliches Beispiel: Als General Efraín Ríos Montt im März 1982 an die Macht kam, gab er sich als leidenschaftlicher Anhänger Jesu aus. Sieben Monate später hatte er 2600 Kleinbauern – Männer, Frauen und Kinder – umbringen lassen. Die für den Bombenabwurf und den Mord an unschuldigen Einwohnern Verantwortlichen sind nicht einfach Psychopathen. Die meisten sind ganz normale Menschen, in christlichen Familien geboren und aufgewachsen. Man hat sie dazu gebracht zu glauben, dass sie eine heilige Pflicht für ihr Land und einen Auftrag ihres gottesfürchtigen Präsidenten, ja eine von Gott selbst gestellte Aufgabe erfüllen.

Dieser Zusammenhang führt zu der schmerzlichen Einsicht, dass unsere „guten Werke" sich nicht notwendig vom Einsatz derer unterscheiden, die Bomben abwerfen und Völkermord verüben. Die Bandbreite des Bösen ist groß. Die Verletzungen und Bedürfnisse der Männer, die die Bombe auf Hiroshima abgeworfen und die Kleinbauern in Guatemala ermordet haben, unterscheiden sich weniger von unseren eigenen Verletzungen und unserer Bedürftigkeit, als wir glauben. Den verdammenswerten

Der Mensch selbst ist Teil des Bösen, gegen das er kämpft.

Kriegen liegen dieselben Verwundungen und Bedürfnisse zugrunde, die wir mit der ganzen Menschheit teilen. Wir sind von denselben Mächten der Finsternis gezeichnet, die einen Krieg nach dem anderen entstehen lassen. Wir selbst sind Teil des Bösen, gegen das wir kämpfen.

An diesem Punkt erhaschen wir einen Blick auf die wahre Sünde des Menschen. Sie ist so tief in uns verankert, dass sie unser gesamtes Leben durchdringt. Und wenn „normale" Menschen es fertigbringen, wahllos Männer, Frauen und Kinder umzubringen, warum sollte es dann nicht möglich sein, dass wir mitschuldig werden an einem weltweiten Massenmord, in dem die Auslöschung von Millionen Menschen akzeptabel erscheint? Auch wir handeln „gehorsam" und nehmen für uns in Anspruch, damit unsere christlichen Werte zu verteidigen.

Wo anders wohnen die Kriegstreiber als in der uns vertrauten Welt, in der Frieden immer noch als lächerlich gilt und die einander bedingenden Verletzungen und Bedürfnisse von Individuen, Gruppen und Nationen dazu führen, dass Krieg immer noch dem Frieden vorgezogen wird?

Diesem finsteren und erschreckenden Hintergrund will ich die Dringlichkeit des Gebets als erstes Erfordernis der Arbeit für den Frieden entgegensetzen.

Eine neue Sprache

Die Einladung zum Gebet ist eine Einladung zu einem Leben in der Welt, das sich nicht im Gestrüpp ihrer Wunden und Bedürfnisse verfängt. Das Gebet steht für ein radikales Zerreißen der schlimmen Kette wechselseitiger Blockaden, die zu Gewalt und Krieg führen. Das Gebet steht für den Eintritt in ein völlig neues Zuhause. Es weist einen Weg zu neuem Sprechen, zu neuem Atem, zu neuer Gemeinschaft und zu neuer Einsicht, ja zu einer neuen Art zu leben.

Der grundlegende Wandel, für den das Gebet steht, lässt sich nur schwer begreiflich machen, denn viele Menschen verbinden das Wort „Gebet“ mit Frömmigkeit: mit der Zwiesprache mit Gott, mit Gedanken an Gott, dem Besuch von Morgen- und Abendandacht, dem sonntäglichen Gottesdienstbesuch, dem Tischgebet u.v.a.m. All das hat mit dem Gebet zu tun, doch bei dem Gebet als Grundlage des Friedensstiftens geht es in erster Linie um das Heraustreten aus dem „Haus derer, die den Frieden hassen“ und den Eintritt in das Haus Gottes. Das Gebet ist der Mittelpunkt des christlichen Lebens. Es ist das einzig Notwendige (vgl. Lukas 10,42). Gebet bedeutet, hier und jetzt mit Gott zu leben.

Die Evangelien gebrauchen auffallend oft Bilder von einem

neuen Zuhause. Diese Bilder lassen mich die Friedensstifter als Menschen sehen, die ein neues Zuhause gefunden haben, wo Frieden herrscht und von wo der Frieden in die Welt gelangt. Im Johannesevangelium wird Jesus als Wort Gottes bezeichnet, das in die Welt gekommen ist und sein Zelt unter uns aufgeschlagen hat (vgl. Johannes 1,14). Weiter berichtet das Johannesevangelium von der Frage der ersten Jünger: „Meister, wo wohnst du?“ und von der Einladung, in seinem Haus zu bleiben (Johannes 1,38-39). Bereits hier wird klar, was Nachfolge bedeutet: seinen Standort zu verlassen, in eine neue Umgebung einzutreten und in neuer Gemeinschaft zu leben. Die ganze Bedeutung dessen offenbart sich nach und nach in den Evangelien: Jesus lädt die Menschen, die ihm nachfolgen, nicht nur dazu ein, mit ihm im selben Haus zu wohnen, sondern er selbst *ist* dieses Haus.

Am Vorabend seines Todes spricht er zu seinen Freunden: „Bleibt in mir, dann bleibe ich in euch ... Wer in mir bleibt und in wem ich bleibe, der bringt reiche Frucht“ (Johannes 15,4-5). Dieses göttliche Zuhause erlaubt uns, wie Schafe unter Wölfen als Friedensstifter in einer feindlichen Welt zu leben. In seinen Abschiedsreden lässt Jesus keinen Zweifel daran, in welcher Welt die ihm nachfolgenden Menschen leben müssen, er versichert ihnen jedoch zugleich, dass sie im Frieden mit der Welt leben können.

Panik, Furcht und Sorgen gehören nicht zum Friedensstiften.

„Sie werden euch aus der Synagoge ausstoßen, ja es kommt die Stunde, in der jeder, der euch tötet, meint, Gott einen heiligen Dienst zu leisten. Das werden sie tun, weil sie weder den Vater noch mich erkannt haben ... Dies habe ich zu euch gesagt, damit ihr in mir Frieden habt. In der Welt seid ihr in Bedrängnis; aber habt Mut: Ich habe die Welt besiegt" (Johannes 16,2-3.33).

Diese Worte machen auf eindringliche Weise klar, warum das Gebet die Grundlage und das Zentrum des Friedensstiftens ist. Auch in Konfliktsituationen oder kriegerischen Auseinandersetzungen, wenn Zerstörung alles bedroht, ja selbst bei Folter und Tod müssen wir nicht im Haus derer leben, die den Frieden hassen. Das Gebet ist die neue Sprache, die in dem neuen Haus gesprochen wird.

Ich möchte näher erklären, was die biblischen Bilder von einer neuen Wohnstatt uns sagen können, uns, die wir in einer von völliger Vernichtung bedrohten Welt leben. Es ist offensichtlich, dass im Haus der Befürworter von gewaltsamen Auseinandersetzungen die Angst regiert. Besonders eindrücklich betont Jesus in seiner Beschreibung der Endzeit die lähmende Angst, die die Menschen um den Verstand bringt und in alle Richtungen zerstreut, sodass sie vom allgegenwärtigen Chaos verschlungen werden: „Es werden Zeichen sichtbar werden an Sonne, Mond

Auf Angst gegründetes Friedensstiften unterscheidet sich nicht grundlegend von Kriegstreiberei.

und Sternen und auf der Erde werden die Völker bestürzt und ratlos sein über das Toben und Donnern des Meeres. Die Menschen werden vor Angst vergehen in der Erwartung der Dinge, die über die Erde kommen; denn die Kräfte des Himmels werden erschüttert werden" (Lukas 21,25-26). Jesus rät seinen Jüngern: Bleibt ruhig in diesen Zeiten des Kampfes, verhaltet euch friedlich und vertraut auf Gott. Folgt niemandem, der Panik verbreitet, schließt euch keinen selbst ernannten Erlösern an und lasst euch nicht von Kriegs- und Umsturzlärm ängstigen, sondern „richtet euch auf und erhebt eure Häupter" (Lukas 21,28). Panik, Furcht und Sorgen gehören nicht zum Friedensstiften. Das scheint offensichtlich, doch viele Menschen, die sich gegen einen drohenden Weltkrieg engagieren, werden nicht nur selbst von Angst getrieben, sondern setzen Angst als Mittel ein, um andere zur Unterstützung zu motivieren. Angst ist die größte Versuchung beim Einsatz für den Frieden. Das Wettrüsten und die möglichen Folgen eines Atomkriegs sind so grauenvoll, dass die Angst davor den Menschen nur allzu schnell zu einem Fürsprecher des Friedens werden lässt. Zahlreiche schockierende Filme, Dokumentationen und Bilder werden mit dem expliziten Ziel aufgenommen, Menschen zu einer Änderung ihrer Einstellung zu bewegen. Wir müssen leibhaftig mit den dämonischen Mächten in dieser Welt konfrontiert wer-

den, doch wenn als einzige Folge nur unsere Angst zunimmt, werden wir leicht zu Opfern genau dieser dämonischen Mächte. Auf Angst gegründetes Friedensstiften unterscheidet sich nicht grundlegend von Kriegstreiberei.
Selbst wenn Friedensstifter andere Worte verwenden als Kriegsbefürworter, sprechen sie doch unter Umständen die gleiche Sprache. Sie bleiben in den Strategien derer gefangen, die sich für den Kampf entscheiden.

Frieden zu stiften ist ein Dienst der Liebe. „Furcht aber gibt es in der Liebe nicht, sondern die vollkommene Liebe vertreibt die Furcht" (1. Johannes 4,18). Es ist entscheidend wichtig, dass das Friedensstiften auf einer tiefen und unzweifelhaften Erfahrung der Liebe gründet. Nur wer sich zutiefst geliebt weiß und in dieser Liebe glücklich ist, kann ein wahrer Friedensstifter sein. Das Wissen, geliebt zu sein, erlaubt einen Blick über die Beschränkungen des Todes hinaus und macht frei, sich ohne Angst für den Frieden auszusprechen und furchtlos für den Frieden einzutreten. Das Gebet führt zu dieser Liebeserfahrung.

Durch das Gebet treten wir ein in die Gemeinschaft mit dem, der uns geliebt hat, bevor wir zu lieben imstande waren. Diese „erste Liebe" (1. Johannes 4,19) offenbart sich im Gebet. Je tiefer wir in das Haus Gottes, das Haus des Gebets, hineingehen, desto unabhängiger werden wir von Tadel und Lob der Menschen um uns und desto mehr können wir unser gesamtes Sein von dieser ersten Liebe erfüllen lassen. Solange wir uns fragen, was andere Leute über uns sagen oder denken, und solange wir unser Handeln an möglichst positiven Reaktionen auszurichten versuchen, solange sind wir Opfer und in der finsteren Welt gefangen, in der wir leben. In dieser finsteren Welt entscheiden die anderen über unseren Wert. Diese Welt bemisst alles nach Erfolg und Misserfolg, nach Sieg und Niederlage, nach Lob und Tadel, nach Stars und Außenseitern. Verletzungen sind in dieser Welt an der Tagesordnung und aus diesen Verletzungen heraus handeln wir, um unser Bedürfnis nach Wertschätzung zu befriedigen. Solange wir in den Klauen dieser Welt gefangen sind, leben wir in der Finsternis, denn wir wissen nicht um unser wahres Selbst. Wir klammern uns an unser falsches Selbst in der Hoffnung, dass mehr Erfolg, mehr Bestätigung und größere Befriedigung uns die ersehnte Erfahrung geben, geliebt zu sein. In diesem Verhalten liegt der eigentliche Grund für Verbitterung, Habgier, Gewalt und Krieg.

Im Gebet hingegen entdecken wir immer wieder, dass uns die Liebe, nach der wir uns sehnen, längst zuteilgeworden ist. Im Gebet können wir diese Liebe erfahren. Das Gebet führt in die Gemeinschaft mit dem einen, der aus lauter Liebe unsere Existenz im Mutterleib geformt hat. In dieser ersten Liebe liegt unser wahres Selbst. Dieses wahre

Das Wissen, geliebt zu sein,
erlaubt einen Blick über die Beschränkungen
des Todes hinaus.

Selbst ist weder aus den Zurückweisungen noch aus der Zustimmung unserer Mitmenschen entstanden, sondern gründet in dem einen, der uns ins Leben gerufen hat. Wir sind im Haus Gottes entstanden. Zu diesem Haus sind wir zurückgerufen und im Gebet kehren wir zurück.

Das Gebet ist Grundlage des Friedensstiftens, weil uns im Gebet aufgeht, dass wir nicht der Welt der Konflikte und Kriege gehören, sondern dem, der uns seinen Frieden anbietet. Es ist ein Paradox: Wir können in dieser Welt nur vom Frieden sprechen, wenn unser Wissen um uns selbst nicht in dieser Welt verankert ist. Wir können unsere Stimme nur dann für den Frieden erheben, wenn die Befürworter der Gewalt keine Macht über uns haben. Wir können uns nur dann zu dem Friedefürsten bekennen, wenn wir ihm und nur ihm vertrauen. Kurz: Wir können nur in dieser Welt sein, wenn wir nicht von dieser Welt sind. Der Weg aus der Welt der Krieg Führenden mit dem Ziel, in dieser Welt Frieden zu stiften, ist der Weg des Kreuzes, für den Jesus steht. Auf diesem langen Weg der Bekehrung stirbt nach und nach unser altes Selbst, das noch nach Anerkennung für unser Friedensengagement sucht. Nur wenn wir im Haus des Friedens leben, können wir verstehen, was Friedensstiften bedeutet.

Das klingt reichlich abgehoben angesichts der konkreten Probleme, mit denen wir uns täglich zu befassen haben.

Im Gebet bricht der Mensch aus dem Gefängnis von Lob und Tadel aus und betritt das Haus der göttlichen Liebe.

Doch das Gegenteil ist wahr. Nur wenn wir uns der Sprache und dem Weg des Gebets öffnen, können wir die Anforderungen und Aufgaben des Lebens heil und ohne Groll meistern. Das Gebet, das Leben in der Gegenwart Gottes, ist der radikalste denkbare Einsatz für den Frieden.

Die Praxis des Gebets

Die meisten Menschen sehen das Gebet als Gegensatz zu aktivem Handeln. „Das Gebet kann das Handeln vorbereiten, vielleicht eröffnet es den Rahmen für das Handeln, es kann Dank für erfolgreiches Handeln sein, aber vom Handeln selbst unterscheidet es sich grundlegend." Solche Gedanken entspringen der Überzeugung, dass im Gebet nicht viel geschieht und dass es deshalb bestenfalls von nachgeordneter Bedeutung, wenn nicht gar komplette Zeitverschwendung oder Realitätsflucht ist. Wer das Gebet als zum Wesen des Friedensstiftens gehörig betrachtet und die Möglichkeit anerkennt, dass das Gebet selbst Frieden stiftet und nicht nur Vorbereitung, Stärkung oder Dank für Friedensbemühungen ist, steht im Widerspruch zu dem gängigen „Dogma" eines pragmatischen Herangehens. Sich diesem Pragmatismus zu verweigern ist von entscheidender Bedeutung, denn dadurch eröffnen sich neue Denkmöglichkeiten für das Friedensstiften, das angesichts der atomaren Bedrohung höchste Dringlichkeit besitzt. Diese besondere Dringlichkeit führt häufig zu der verzweifelten Überzeugung: „Jetzt ist wirklich keine Zeit zum Beten, jetzt müssen wir handeln!" Diese Überzeugung steht allerdings in diametralem Gegensatz zu der Aufforderung Jesu: „Wacht und betet allezeit, damit ihr allem, was geschehen wird, entrinnen und vor den Menschensohn hintreten könnt" (Lukas 21,36).

Wenn uns aufgeht, dass wir im und durch das Gebet zu unserem wahren Selbst finden, ist das ein erster flüchtiger Blick auf die friedensstiftende Macht des Gebets. Im Gebet brechen wir aus dem Gefängnis von Lob und Tadel aus und betreten das Haus der göttlichen Liebe. So gesehen ist das Gebet ein Martyrium: Im Gebet sterben wir der selbstzerstörerischen Welt der Verletzungen und Begierden und treten in das heilende Licht Christi.

Ein bewegendes Beispiel für die aktive Kraft des Gebets findet sich in der Beschreibung der Erfahrungen, die Floris Bakels in deutschen Konzentrationslagern gemacht hat. Bakels, ein erfahrener und hochgebildeter niederländischer Jurist, konstatiert, dass das Gebet ihn nicht nur in spirituellem Sinne, sondern auch geistig und körperlich gerettet hat. Das Gebet war für ihn ein Prozess des Sterbens und der Wiedergeburt, der es ihm erlaubte, hoffnungsvoll und fürsorglich zu leben, selbst wenn Hunderte Menschen neben ihm verhungerten, gequält und hingerichtet wurden.

48 Bakels hatte sich nie als religiös gesehen. Zu seiner eigenen Überraschung sprach er seinen sterbenden Freunden Worte über Gott, Jesus und das Evangelium zu. Er entdeckte einen Frieden in sich und anderen, der nicht von dieser Welt ist. Bakels konnte nur schwer begreifen, was ihm widerfahren war. 35 Jahre später schreibt er:

„Ich hatte einen nur schwer zu beschreibenden Gedanken: Wiedergeboren werden setzt ein Sterben voraus, ein Sterben des alten Menschen und die Geburt eines neuen Menschen. Aber dieses Verschwinden des alten Menschen war ein ultimativer Schmerz, eine Klage vor Gott, ein Weltschmerz, die Trauer über das Vergängliche, über die sich verlierende Welt, über das generelle Loslassen. Zunehmend erkannte ich meine starke Bindung an diese Welt und je weiter sich diese Bindung entwickelte, desto größer wurde mein Staunen über die Schönheit der Welt. Es war herzzerreißend, ein brennendes Gefühl für den Beginn des Lebens. Was sollte ich tun? Wie stand es um die Liebe, die Liebe zu einer Frau, zu meiner Frau, zu meiner Familie, den Schmetterlingen, dem Wasser und dem Wald? All die Schönheit des Lebensreichtums dieser Erde ... War auch ich damit verbunden? In einer Ahnung von

Das Gebet zerbricht die Ketten, durch die Leben und Tod aneinandergefesselt sind.

Ewigkeit fand ich mich in einer neuen Entwicklung: Ich legte den alten Menschen ab, ich sagte Lebewohl, verabschiedete mich. Ich wollte nicht länger derart intensiv mit dem Leben verbunden sein. Und dann wollte ich den neuen Menschen anziehen, ich wollte eine stille Flamme sein, ein Emporstreben, meinen elenden Körper vergessen. Ich wollte zu der Macht zurückkehren, aus der ich hervorgegangen bin. Ich konnte es nicht erklären. Ich wusste nur eins: alles aufgeben für Ihn."

Floris Bakels beschreibt hier das Herz des Gebets als etwas Aktives, als Akt des Sterbens und der Wiedergeburt, als Verlassen des vertrauten Hauses und Heimkehr zu der Macht, die uns geschaffen hat. Die Konzentrationslager im Zweiten Weltkrieg öffneten Bakels für diese Erfahrung. Heute, da unsere Welt allmählich zu einem einzigen riesigen Konzentrationslager und von einem neuen und noch größeren Holocaust bedroht wird, ist solche Aktivität des Gebets wichtiger denn je. Das Gebet zerbricht die Ketten, durch die Leben und Tod aneinandergefesselt sind, sodass wir befreit in dieser Welt stehen können, ohne von Angst überwältigt zu werden.

In einer von Vernichtung bedrohten Welt hat das Gebet keine große Bedeutung, wenn wir nur beten, um Gott zu beeinflussen, um in Zeiten der Bedrängnis Trost zu finden oder weil wir ein spirituelles Dach gegen den nuklearen

Gebet bedeutet,
alles sterben zu lassen,
was wir für unser eigen halten.

Fallout suchen. Angesichts des atomaren Holocausts hat das Gebet nur Sinn, wenn wir uns im Gebet von allem lösen, sogar von unserem eigenen Leben, sodass wir vollkommen frei werden, Gott und nur Gott zu gehören.

Obwohl wir häufig einen echten Drang zum Gebet verspüren, erfahren wir oft zugleich einen starken Widerstand. Wir wollen Gott näher sein, der Quelle und dem Ziel allen Friedens, doch je näher wir ihm kommen, desto eindringlicher erfahren wir seine Forderung, die vielen gewohnten Wege unserer Lebensführung zu verlassen. Das Gebet lässt uns unser gesamtes In-der-Welt-Sein kritisch infrage stellen, unser altes Selbst ablegen und unser neues Selbst annehmen. Unser neues Selbst aber ist Christus.

Das meint Paulus mit der Aufforderung, mit Christus zu sterben, damit wir mit Christus leben können. Die Erfahrung des Todes und der Wiedergeburt bezeugt Paulus mit den Worten: „Ich lebe nicht mit meinem eigenen Leben, sondern mit dem Leben Christi, der in mir lebt“ (Galater 2,20).

Was hat das alles mit dem Bemühen um ein Ende des Wettrüstens zu tun? Der wirkungsvollste Protest gegen Zerstörung besteht meines Erachtens darin, die Grundlage aller Zerstörungswut aufzudecken: die Illusion von Kontrolle. Beruht das atomare Wettrüsten nicht letztlich auf der Überzeugung, wir müssten um jeden Preis verteidigen, was wir haben, was wir tun und was wir denken? Geht die Möglichkeit der Zerstörung der Erde, jeder Zivilisation und aller Menschen nicht auf unsere Überzeugung zurück, wir müssten um jeden Preis Herr über unser Schicksal sein?

In der Praxis des Gebets bringen wir diesen Kontrollwahn zu Fall, indem wir uns von allen falschen Bindungen befreien und uns ganz Gott zuwenden, dem allein wir angehören. Gebet bedeutet, alles sterben zu lassen, was wir für unser eigen halten, und zu einem neuen Dasein geboren zu werden, das nicht von dieser Welt ist. Gebet ist ein Tod gegenüber der Welt, damit wir für Gott leben können. Das große Geheimnis des Gebets besteht darin, dass es uns schon jetzt in das Haus Gottes führt und uns damit die Teilhabe am Leben in der Königsherrschaft Gottes eröffnet. Das Gebet erhebt uns in das ewige, unsterbliche Leben Gottes.

Darin scheint die Bedeutung des Gebets in einer von Vernichtung bedrohten Welt auf. Im Beten protestieren wir nicht in erster Linie gegen Menschen, die von Angst getrieben Nuklearsprengköpfe, Raketen und Atom-U-Boote bauen. Mit dem Beten versuchen wir nicht in erster Linie die atomare Eskalation und die Vergrößerung des Waffenarsenals zu verhindern. Mit Beten versuchen wir nicht einmal in erster Linie die Einstellungen und Überzeugungen der Menschen zu ändern. All das ist wichtig und nötig, doch dem dient das Gebet nicht in erster Linie.

Im Gebet vergewissern wir uns vielmehr der Wahrheit, dass wir nicht zu dieser Welt mit ihren Sprengköpfen, Raketen und Atom-U-Booten gehören; dieser Welt sind wir schon gestorben, sodass uns nicht einmal ein nuklearer Holocaust vernichten kann. Im Gebet durchleben wir freiwillig die letzten Konsequenzen atomarer Zerstörung und bekräftigen inmitten dieser Zerstörung, dass Gott der Gott des Lebens ist und dass keine menschliche Macht jemals Gott „verunwirklichen" kann. Im Gebet nehmen wir unseren individuellen Tod sowie den Tod an sich vorweg und bekennen, dass es in Gott keinen Tod gibt, sondern nur Leben. Im Gebet machen wir die Angst vor dem Tod und damit zugleich die Grundlage aller menschlichen Zerstörungswut zunichte.

Ist das eine Ausflucht? Laufen wir vor den Anforderungen davon, die an uns gestellt werden? „Vergeistlichen" wir die riesigen Probleme, vor denen wir stehen, und verschwenden unsere Zeit, anstatt die dringlichen Aufgaben anzupacken? Das träfe zu, wenn das Gebet dazu führen würde, jedem konkreten Handeln auszuweichen. Doch wenn Beten ein wirkliches Sterben und Wiedergeborenwerden ist, dann führt es uns in die Welt, in der wir handeln müssen.

Im Gebet bekräftigt der Mensch, dass Gott der Gott des Lebens ist.

Je weiter wir der Welt sterben, desto kreativer können wir in ihr leben. Je weiter wir uns von falschen Bindungen lösen, desto besser können wir mitten in Aufruhr und Chaos leben. Und je weiter wir uns von Angst befreien, desto mehr können wir zum Zentrum der Gefahr vordringen.

Deshalb ist das Gebet die Grundlage und die Quelle allen Handelns. Wenn unsere Bemühungen gegen das Wettrüsten nicht im Gebet gründen, werden sie allzu leicht von Angst bestimmt. Sie werden dann fanatisch, verbittert und eher ein Ausdruck unseres Überlebenswillens sein und weniger ein Merkmal unseres Glaubens an Gott.

Wenn jedoch aus dem Beten alles Handeln entspringt, können wir Glück empfinden, selbst wenn die Gegenwart bedrückend ist, und können selbst angesichts drohender Verzweiflung im Frieden leben. Sogar im Angesicht der erschütternden nuklearen Bedrohung können wir dann sagen: „Wir haben keine Angst, denn wir sind bereits gestorben und die Welt hat keine Macht mehr über uns." Dann können wir furchtlos gegen jede Art menschlicher Zerstörung protestieren und freimütig bekennen, dass der ewige, liebende Gott kein Gott der Toten, sondern ein Gott der Lebenden ist (vgl. Matthäus 22,32).

Was bedeutet diese Sicht des Gebets für die tägliche Praxis konkret? Wir müssen uns häufig Zeit zum Beten nehmen und uns klarmachen, dass das Gebet der erste und

Im absichtslosen Gegenwärtigsein bei Gott
lässt sich die Stimme der Liebe vernehmen,
die aus der Mitte des Seins erklingt.

wichtigste Widerstand gegen das Wettrüsten ist. Durch stille Zeiten mit Gott werden wir uns gewiss, dass wir den Frieden, um den wir uns bemühen, nicht durch aktives Handeln bewirken oder dadurch herbeiführen können, dass wir uns irgendwelchen Organisationen anschließen. Der Friede, um den wir uns bemühen, ist ein Geschenk Christi. Sich der besonderen Einsamkeit des Gebets auszusetzen ist ein Protest gegen eine Welt der Manipulation, des Wettbewerbs, der Rivalität, gegen eine Welt des Misstrauens, der Verteidigung, der Wut und Feindseligkeit, der Aggression, der Zerstörung und der Kriege. Das Gebet ist ein Bekenntnis zu der allumfassenden, alles heilenden Macht der Liebe Gottes.

Wenn wir nicht länger unter dem Druck der Notwendigkeiten stehen und als Getriebene handeln, sondern einfach „im Vertrauen vor dem Menschensohn stehen" (Lukas 21,36), stiften wir Frieden. Das ist wahrlich nicht leicht, der Widerspruch ist allgegenwärtig. Die Hauptargumente lauten: „Immer in Bewegung bleiben! Produktiv sein! An erster Stelle stehen! Reden, schreiben, organisieren! Alles erledigen, und zwar schnellstmöglich!" Die Stimme des Friedefürsten klingt anders. Wann immer Jesus seinen Freunden begegnet, beruhigt er ihre Herzen und Sinne: „Habt keine Angst, regt euch nicht auf, zweifelt nicht" (vgl. Lukas 24,38).

Wenn wir in die Einsamkeit gehen, hören wir oft diese beiden Stimmen: die Stimme der Welt und die Stimme Gottes. Sie ziehen uns in entgegengesetzte Richtungen. Doch wenn wir uns wiederholt vertrauensvoll der Einsamkeit aussetzen, wird die Stimme Gottes allmählich kräftiger und zunehmend erkennen wir, welchen Frieden wir suchen, und verstehen ihn mit Herz und Verstand.

Was tun wir in unserer Einsamkeit? Zunächst nichts. Es geht darum, in der Gegenwart dessen zu sein, der unsere Aufmerksamkeit wünscht, und zu hören! Gerade in diesem absichtslosen Gegenwärtigsein bei Gott können unsere Macht- und Kontrollillusionen sterben und wir können die Stimme der Liebe vernehmen, die aus der Mitte unseres Seins erklingt.

Nichts zu tun und absichtslos da zu sein ist jedoch weniger passiv, als es klingt. Es erfordert vielmehr Anstrengung und große Achtsamkeit. Es erfordert aktives Lauschen, in dem wir uns für Gottes heilende Gegenwart öffnen und neu werden können. Es gibt unterschiedliche Zugänge zu diesem achtsamen Lauschen, immer gehört aber Meditation über die Heilige Schrift dazu. Das stille Lesen der Psalmen, das Bedenken einer Bibelstelle oder das einfache Wiederholen eines kurzen Gebets lässt die ruhelose Stimme unserer fordernden Welt schwächer werden. Zunehmend stellen wir fest, dass die Einsamkeit uns ein Heim bietet, wo wir auf Gott hören können und die Stärke finden, dem Wort Gottes zu folgen. In diesem Heim können wir frei und mutig handeln.

Es gibt unendlich viele Arten des Gebets, persönliche und gemeinschaftliche, doch wenn wir wirklich dem alten, Krieg führenden Selbst sterben und im Haus des Friedens wohnen wollen, müssen wir eine verborgene meditative Haltung in der Gegenwart Gottes einnehmen. Das ist die große spirituelle Herausforderung der Friedensstifter.

Mit zerknirschtem Herzen

In meiner Beschreibung der Praxis des Gebets habe ich die unmittelbare Beziehung zwischen innerer und äußerer Friedensarbeit nicht eigens hervorgehoben. Mit dem Ausspruch „Ändere die Welt, beginne bei dir selbst“ wird häufig eine persönliche oder spirituelle Bedeutung des Engagements für den Frieden benannt. In erster Linie deutet er jedoch auf die unzweifelhafte Wahrheit hin, dass Friede in der Welt nicht ohne Frieden im Herzen möglich ist.

Das illustriert sehr schön eine kleine Geschichte aus den Erzählungen der Wüstenväter:

Es waren einmal drei Freunde, die waren fleißige Arbeiter. Einer von ihnen entschloss sich, sich dem Friedensstiften

Friede in der Welt
ist nicht ohne Frieden im Herzen
möglich.

zu widmen gemäß dem Wort „Selig sind die Friedfertigen“. Der zweite beschloss, sich um die Kranken zu kümmern, und der dritte ging, um in der Stille in der Wüste zu leben. Der erste rackerte sich mit den Streitigkeiten der Menschen ab, konnte sie jedoch nur teilweise lösen und suchte deshalb seinen Freund auf, der sich um die Kranken kümmerte, fand aber auch ihn erschöpft und erfolglos im Bemühen um seine Aufgabe. Da beschlossen beide, den dritten zu besuchen, der in der Wüste lebte. Sie berichteten ihm von ihren Schwierigkeiten und baten ihn um Rat. Dieser schwieg eine Weile, dann goss er Wasser in eine Schale und forderte sie auf, auf das Wasser zu achten; es war in heftiger Bewegung. Nach einem Moment – die Wasseroberfläche hatte sich beruhigt – sollten sie wieder in die Schale schauen. Als sie das Wasser betrachteten, erblickten sie ihr Spiegelbild. „So wie beim Wasser“, sprach ihr Freund zu ihnen, „geht es dem Menschen, der unter vielen anderen lebt. Wegen all des Aufruhrs sieht er seine eigene Sünde nicht. Sobald er aber still wird, besonders in der Wüste, kann er seine eigenen Mängel erkennen.“

Diese Geschichte lässt keinen Zweifel daran, dass die Stille des Herzens kein Wohlbefinden meint, während zugleich die Welt durch Gewalt und Krieg zugrunde geht, sondern ein Weg ist, mit unseren Verwicklungen in das

Problem in Verbindung zu kommen. Das Gebet führt in die spirituelle Stille und die spirituelle Stille führt zum Bekennen der Unvollkommenheit, die zum Krieg führt. Friedensstiften und Kranke zu besuchen ist wichtig, kann ohne ein reuiges Herz jedoch keine Frucht bringen. Wenn wir unser sündiges Selbst im Spiegel der Stille erkennen und zugeben, dass wir selbst Krieg führen, dann sind wir bereit, demütig den Weg zum Frieden zu betreten.

Widerstand

Am Ende des Zweiten Weltkriegs war ich 13 Jahre alt. Meine Eltern hatten mich und meinen Bruder zwar vor den Nazischrecken in meinem Heimatland Holland bewahrt, sie konnten jedoch nicht verhindern, dass ich sah, wie unsere jüdischen Nachbarn abgeholt wurden, und dass ich von den Konzentrationslagern erfuhr, in die sie deportiert wurden und von wo sie nie mehr zurückkehrten. In den Nachkriegsjahren wurde mir die dämonische Seite der Judenverfolgung bewusst und ich begann, den Begriff „Holocaust" zu gebrauchen. Heute, 40 Jahre später, frage ich mich oft: Warum gab es keinen massiven Volksaufstand? Warum schlossen sich nicht Tausende zu Protestmärschen gegen den Völkermord zusammen? Warum drangen nicht Millionen religiöser Menschen in die Lager ein, um die Gaskammern und Verbrennungsöfen niederzureißen, die der Vernichtung der Juden dienten? Warum leisteten die Menschen, die zur Kirche gingen, beteten und Lieder sangen, keinen Widerstand gegen die in ihrem Land so überdeutlich sichtbaren Mächte des Bösen?

Es ist wichtig, Antworten auf diese Fragen zu finden. Ich bin jedoch kein 13-jähriger Junge mehr, der die Zusammenhänge nicht begreift. Heute lebe ich als Erwachsener nur wenige Kilometer von der Werft entfernt, in der U-Boote gebaut werden, deren Atomwaffen in einem einzi-

Das Wettrüsten zwischen den Supermächten bewirkt den Hungertod von Millionen von Menschen in der ganzen Welt.

gen Augenblick mehr Menschen vernichten können, als während der ganzen Nazizeit in den Gaskammern umgekommen sind. Heute stehen mir alle Informationen zur Verfügung und ich weiß von dem Völkermord in Guatemala und dem Mordterror in El Salvador. Heute bin ich ein gut ausgebildeter Lehrer, der klar und überzeugend darlegen kann, dass das teure Wettrüsten zwischen den Supermächten den Hungertod von Millionen von Menschen in der ganzen Welt bewirkt. Heute bin ich ein Christ, der die Worte Christi viele Male gehört hat, dass der Gott Israels und Jesus Christus der Gott der Lebenden sind, in dem sich nicht der geringste Todesschatten findet.

Heute frage ich mich: Wird mein Gebet, meine Zwiesprache mit dem Gott des Lebens, in meinem Widerstand gegen die Macht des Todes in meiner Welt sichtbar? Oder werden die heute 13-Jährigen in 40 Jahren in Bezug auf mich dieselben Fragen stellen, die ich mir in Bezug auf erwachsene Christen in meiner Jugendzeit stelle? Ich muss mir klarmachen, dass mein Schweigen oder meine Untätigkeit womöglich dazu führt, dass in 40 Jahren überhaupt niemand mehr auch nur noch eine einzige Frage stellen kann. Denn es wird nicht nur ein Holocaust zur Auslöschung eines ganzen Volkes vorbereitet, sondern ein Holocaust, der der gesamten Menschheit ein Ende setzt.

Dann sind nicht nur keine Antworten mehr möglich, sondern auch keine Fragen mehr.

Beständig denke ich über diese Probleme nach. Ich frage mich, wie ich heute jeden Tag ein Friedensstifter sein kann. Ich werde mich niemals darauf herausreden können, dass ich nicht wusste, was geschieht. Ich weiß mit bestürzender Klarheit, was geschehen wird, wenn wir nichts unternehmen. Heutzutage für den Frieden einzutreten bedeutet, dass mein Gebet in sichtbares Handeln münden muss. Ohne solches Handeln bleibt mein Gebet ein frommer Ausdruck eines ängstlichen Geistes, der sich der Verantwortung für die Zukunft entzogen hat.

Ich betone diesen Zusammenhang so stark, weil ich spüre, dass ich in diesem Kampf nicht alleine bin. Auf meinem Lebensweg finde ich viele Mitreisende, die sehen, was ich sehe, hören, was ich höre, lesen, was ich lese, und von denselben Fragen umgetrieben werden wie ich in den letzten 20 Jahren. Wie ich sind sie versucht zu sagen: „Wir können nicht viel tun außer beten. Wir haben unseren Beruf, unsere Familie, unsere sozialen Verpflichtungen. Da bleibt keine Zeit, um uns für den Frieden zu engagieren. Mehr können wir nicht tun; wir müssen unsere Grenzen akzeptieren.“ Doch angesichts des atomaren Holocausts, der die Berufe, Familien und sozialen Verpflichtungen auszulöschen droht, wissen meine Mitmenschen ebenso wie ich, dass unsere Entschuldigungen nichts als Vorwände sind. Friedensstiften ist nicht länger eine Möglichkeit unter vielen. Es ist eine heilige Verpflichtung für alle Menschen, gleich welchen Beruf sie haben und in welcher familiären Situation sie stehen. Frieden zu stiften bedeutet, auf eine Art zu leben, die stets unser ganzes Dasein umfasst.

In diesen Überlegungen zum täglichen Bemühen um den Frieden ist mir das Wort „Widerstand" besonders wichtig. Als Friedensstifter müssen wir allen Mächten des Kriegs und der Zerstörung widerstehen und bekennen, dass Frieden ein göttliches Geschenk und allen zugedacht ist, die das Leben bejahen.

Widerstand bedeutet, zu jeglicher Form des Todes, ganz gleich, wo sie sich äußert, nein zu sagen und zugleich ja zu sagen zu allem Leben, ganz gleich, in welcher Form es uns begegnet.

Nein sagen

Eine heilige Notwendigkeit

Friedensarbeit ist Arbeit für das Leben. Mehr als je zuvor sind wir von den Mächten des Todes umgeben. Das rapide

*Widerstand bedeutet,
ja zu sagen zu allem Leben, ganz gleich
in welcher Form.*

zunehmende Wettrüsten hat eine Todesstimmung entstehen lassen, die unser Denken und Fühlen in einem kaum bewussten Maß beeinflusst. Wir versuchen zu leben und zu arbeiten, als ob alles normal wäre, doch es gelingt uns kaum, die Stimme des Todes von uns fernzuhalten. Diese Stimme flüstert uns zu: Warum arbeiten, wenn doch alles, was du erreichst, bald zerstört wird? Warum lernen, wenn du gar nicht weißt, ob du deine Fähigkeiten jemals einsetzen kannst? Warum Kinder in die Welt setzen, wenn du ihnen keine Zukunft garantieren kannst? Warum schreiben, musizieren, malen, tanzen oder feiern, wenn das Sein selbst infrage steht?

Bei einem vollumfänglichen russischen Nuklearangriff würden binnen weniger Tage 140 Millionen Amerikaner sterben, ein amerikanischer Gegenschlag würde mindestens 100 Millionen Russen das Leben kosten. Bereits die Tatsache, dass wir uns solche Szenarien vorstellen können, verursacht großes Leid in unserem Herzen und in unserem Verstand. Dass Menschen meinen, ihr Leben retten zu können, indem sie Millionen ihrer Spezies töten, ist so grotesk, dass „Leben retten" jegliche Bedeutung verloren hat.

Es ist eine Tragödie unseres Jahrhunderts, dass das Nein gegen das atomare Wettrüsten so selten, so leise und von so wenigen ausgesprochen wird. Wenn ich darüber nach-

Die Überlegungen über einen führ- und gewinnbaren Atomkrieg widersprechen dem Liebesgebot Jesu diametral.

denke, woher mein eigener Mangel an Widerstand gegen diese Mächte des Bösen rührt, wird mir bewusst, dass ich die Vereinigten Staaten von Amerika immer als Zufluchtsort der Verfolgten gesehen habe, als Land der Freiheit, der unbegrenzten Möglichkeiten, der Demokratie und als Land, das den Opfern des Nationalsozialismus zu Hilfe gekommen ist. Ja, als das Land, das mein Heimatland befreit hat. Diese Vorstellungen sind so stark, dass ich selbst nach so finsteren Ereignissen wie der Ermordung John F. Kennedys, Robert Kennedys und Martin Luther Kings, dem Elend von Vietnam und der Watergateaffäre die Vereinigten Staaten immer für ein Land gehalten habe, in dem solche Ereignisse nur schmerzliche Ausnahmen sind. Obwohl solche Vorkommnisse Anzeichen für einen zunehmenden Verrat an den Idealen dieses Landes sind, fällt es mir sehr schwer, mir vorzustellen, dass hier etwas Ähnliches passieren könnte wie in Deutschland während der Hitlerzeit. Schließlich haben die Vereinigten Staaten einen Kreuzzug gegen die Nazityrannei gewonnen. Wie aber konnte trotzdem eine solche Tyrannei auf diese Seite des Ozeans gelangen?

Zahlreiche meiner Freunde wurden inhaftiert für ihr Nein gegen das rapide zunehmende Wettrüsten, das Millionen Menschen dazu bringt, ihr Leben mit dem Bau von Zerstörungswaffen zuzubringen, und Millionen anderer zum

Hunger verurteilt. Meine Freunde haben mir die Augen geöffnet für ein anderes Amerika, das ich eigentlich nicht sehen will, das sich aber nicht länger ignorieren lässt. Dieses Amerika bereitet alles für einen Erstschlag Erforderliche vor, also nicht die Möglichkeit, einen nuklearen Angriff durch die Drohung mit einem Vergeltungsschlag zu verhindern, sondern die Möglichkeit, zuerst anzugreifen und dem Tod durch Töten zuvorzukommen.

Meine Freunde haben mich daran erinnert, dass die Überlegungen über einen führ- und gewinnbaren Atomkrieg dem Liebesgebot Jesu und seinem wehrlosen Tod am Kreuz so diametral widersprechen, dass nicht nein zu sagen ein Zeichen des Unglaubens ist. Sie haben mir gezeigt, dass diejenigen, die den Tod von Millionen von Menschen vorbereiten und bereit sind, einen Atomkrieg zu beginnen, nichts Ungesetzliches tun, während diejenigen, die aus Gewissensgründen die heutigen Dachaus und Auschwitze symbolisch zerschlagen wollen, als kriminell im Gefängnis landen.

Es fällt mir sehr schwer, meine Gedanken und Gefühle in einem solchen Ausmaß zu ändern, dass ich die verteidige, die im Interesse eines höheren Gebots „das Gesetz brechen“. Doch diesem Gebot der Liebe habe ich mein Leben gewidmet. Wenn ich wirklich an Jesus Christus als den Menschen des Friedens glaube, der nicht seinen Vater angerufen hat, zu seiner Verteidigung „sogleich mehr als zwölf Legionen Engel zu schicken“ (Matthäus 26,53), sondern der sich für den vollkommen wehrlosen Tod am

Kreuz entschieden hat, wie könnte ich dann kein Mensch des Friedens sein? Wie könnte ich zulassen, dass die Macht des Todes jetzt und in Zukunft das physische und moralische Leben von Millionen Menschen zerstört, und passiv danebenstehen? Wenn wir keinen Widerstand leisten, werden wir zu Komplizen des Holocausts.

Eine spezielle Situation

Die atomare Bedrohung hat zu einer Situation geführt, mit der die Welt noch nie konfrontiert war. Die Geschichte ist voll von Gewalt, Grausamkeiten und Gräueltaten, die Menschen einander angetan haben. Städte, Länder und ganze Zivilisationen sind ausgelöscht worden, Millionen Menschen sind Opfer von Hass und Rache geworden. Doch niemals zuvor hatte die Menschheit die Wahl, kollektiven Suizid zu begehen, den gesamten Planeten zu zerstören und die Geschichte insgesamt zu beenden. Diese schreckliche Möglichkeit bestand nicht einmal während unseres Eingreifens in den Zweiten Weltkrieg. Die Bombardierung von Hiroshima und Nagasaki am Ende des Kriegs hat uns eine Ahnung vermittelt, wie ein nächster

Ein künftiger Weltkrieg ist mit keinem bisherigen Krieg zu vergleichen.

Krieg aussehen könnte. Ein künftiger Weltkrieg ist mit keinem bisherigen Krieg zu vergleichen. Ein solcher Krieg wird nicht nur das Ende aller Kriege sein, sondern auch das Ende jeden Friedens.

Diese „spezielle" Situation erfordert ein ultimatives Nein zum Krieg. Nein zum Krieg kann nicht länger als eine zu einer bestimmten Zeit an bestimmte Menschen gerichtete Forderung betrachtet werden. Wenn es um das Sein oder Nichtsein der gesamten Menschheit geht, können wir uns nicht von anderen Dringlichkeiten ablenken lassen. Ein Atomkrieg bedroht nicht nur das Leben von Millionen von Menschen, sondern auch die Zukunft, in der der Tod betrauert werden könnte. Deshalb stellt die atomare Bedrohung alle anderen Bedrohungen, die zum Widerstand auffordern, in den Schatten. Die wenigen „Ungehorsamen", die über Zäune von Atomwaffenanlagen klettern, auf atombewaffnete U-Boote steigen oder Nukleartransporte blockieren, wollen uns eine Realität vor Augen führen, die wir konsequent ignorieren oder verleugnen. Doch ihre geringe Zahl sollte uns nicht täuschen.

Selten haben die Massen die Wahrheit ausgesprochen. Nicht durch Statistik kommt die Wahrheit ans Licht. Die Propheten Israels, Jesus und seine paar Jünger und die wenigen heiligen Männer und Frauen stellen uns vor die Frage, ob „diese verrückten Friedensaktivisten" für unsere

Der Friede in der Welt
und der Friede des Herzens lassen sich
niemals trennen.

Bekehrung heute nicht ebenso wichtig sind, wie es der heilige Franz von Assisi und seine Anhänger vor 800 Jahren waren. Ihr lautes, eindeutiges und oft dramatisches Nein führt uns zu der Frage, zu welchem Nein wir aufgerufen sind.

Die vertraute Macht des Todes

Wenn ich versuche, mich mit den Auswirkungen abzufinden, die die atomare Bedrohung auf mich hat, wird mir deutlich, dass sie mich nicht nur mit einer vollkommen neuen und speziellen Situation konfrontiert, sondern mir auch einen neuen Blick auf die alte und alles beherrschende Faszination des Todes ermöglicht, die zu unserem täglichen Leben gehört. Die Konfrontation mit dem Tod an sich zwingt mich, danach zu fragen, auf welch subtile Arten der Tod uns im Griff hat.

U-Boote, deren atomare Waffen in einem einzigen Angriff ganze Städte und unzählige Menschen auslöschen können, sind die heimtückischsten Todesmaschinen, die Menschen jemals ersonnen haben. Doch wenn wir anfangen, zu diesen von Menschenhand geschaffenen Zerstörungsmonstern nein zu sagen, müssen wir dann nicht auch zu unseren weniger spektakulären Todesspielen nein sagen? Wir sind nicht nur *Opfer* der Todesmacht, denn *wir selbst* sind es, die Atom-U-Boote und andere Atomwaffensysteme herstellen. Die Mächte des Todes sind uns viel näher und viel weiter verbreitet, als wir zugeben wollen.

Unsere Fähigkeit, auch nur die Möglichkeit eines Atomkriegs in Erwägung zu ziehen, ist Teil einer sehr viel weiteren und tiefer reichenden Herrschaft des Todes. Wir werden nur dann wahre Friedensstifter werden, wenn wir bereit sind, den Mächten des Todes die Maske vom Gesicht zu reißen, wo immer und wann immer sie in Aktion sind. Ein ernsthaftes Nein gegen das nukleare Wettrüsten erfordert ein ebenso klares Nein gegen jeden Tod, der sich in den Winkeln unseres Herzens und unseres Verstandes verbirgt. Der Friede in der Welt und der Friede des Herzens lassen sich niemals trennen. Wir müssen keine Antwort auf die Frage geben: Was ist wichtiger: Friede im Herzen oder Friede in der Welt? Ebenso wenig sollten wir uns von Erwägungen ablenken lassen, ob der Frieden im oder außerhalb des Menschen beginnt. Innerer und äußerer Friede dürfen niemals getrennt werden. Friedensarbeit reicht von den verstecktesten Winkeln unseres Selbst bis zu den schwierigsten internationalen Verhandlungen. Deshalb muss unser Widerstand gegen die Todesmächte so tief und weit reichen wie der Friede selbst.

Der Tod als Unterhaltung

Vor einiger Zeit besuchte ich eine angesehene amerikanische Privatschule. Die meisten der Schülerinnen und Schüler kamen aus wohlhabenden Familien, sie waren gebildet und aufgeweckt. Sie waren freundlich, aufgeschlossen und ehrgeizig und es fiel mir nicht schwer, viele von ihnen später in hohen Positionen zu sehen und sie mir in großen Autos und luxuriösen Häusern vorzustellen.

An einem Abend sahen wir uns im Gemeinschaftsraum zusammen einen Film an: *Blues Brothers* von John Landis. Ich glaubte nicht recht zu sehen und zu hören. Auf dem Bildschirm wurden Supermärkte, Häuser und Autos zerstört und die jungen, aufgeschlossenen Leute amüsierten sich köstlich. Sie sahen der Vernichtung sämtlicher Symbole für ihr Leben im Wohlstand zu und kreischten und schrien, als ob ihr Team die Meisterschaft gewonnen hätte. Autos wurden zertrümmert und Häuser gingen in Flammen auf und mein Nachbar erzählte mir aufgeregt, dies sei einer der teuersten Spaßfilme, die je gedreht worden seien. Es hatte Millionen Dollar gekostet, um zwei Stunden lang aufzunehmen, was mir wie der Tod erschien. Es wurden keine Menschen umgebracht. Es ging um witzige Unterhaltung. Doch nichts von Menschen Geschaffenes blieb von den Zerstörungen in *Blues Brothers* verschont.

Ein Großteil unserer gegenwärtigen Unterhaltung bedient unsere Gewalt- und Todesfaszination.

Was hat es zu bedeuten, wenn junge, ambitionierte Amerikaner sich von einer millionenteuren Zerstörung unterhalten lassen und das in einer Welt, in der Menschen aus Angst, vor Hunger und infolge zunehmender Gewalt sterben? Sind dies die künftigen Anführer einer Generation, deren wichtigste Aufgabe die Verhinderung eines Atomkriegs und das Beenden des Wettrüstens ist?

Ich beschreibe dieses scheinbar belanglose Ereignis, um deutlich zu machen, dass ein Großteil unserer gegenwärtigen Unterhaltung unsere Gewalt- und Todesfaszination bedient. Wie viele Stunden unseres Lebens bringen wir damit zu, uns Bilder von der Zerstörung von Hochhäusern und Autos, von Folter und anderer menschlicher Gewalt anzusehen. Ein Vietnamveteran hat mir einmal erzählt, er habe in seiner Jugend im Fernsehen so viele umgebrachte Menschen gesehen, dass er sich in Vietnam kaum vorstellen konnte, dass die Menschen, die er töten würde, nicht wieder aufstehen und im nächsten Programm weiterspielen würden. Der Tod war ein unrealistisches Ereignis geworden. Vietnam öffnete ihm die Augen dafür, dass der Tod bittere Realität, endgültig und schrecklich grausam ist.

Ehrlicherweise muss ich zugeben, dass auch ich mich oft vom Kitzel des Todes verführen lasse. Ich bin fasziniert, wenn jemand einen Abgrund auf einem Seil überquert.

Todeswünsche auszuleben,
gleich ob real oder in der Fantasie,
führt niemals zum Frieden.

Ich beiße mir auf die Nägel, wenn Trapezartisten ohne Sicherheitsnetz ihre Salti schlagen. Ich verfolge atemlos, wenn Kunstpiloten oder Rennfahrer ihr Leben riskieren, um einen Rekord aufzustellen oder ein waghalsiges Kunststück vorzuführen. In dieser Hinsicht unterscheide ich mich kaum von den Tausenden von Römern, die zur puren Unterhaltung die tödlichen Gladiatorenkämpfe besucht haben, oder von den vielen Menschen, die in der Vergangenheit und sogar noch heute einer Hinrichtung beiwohnen.

Alle Behauptungen, die realen oder imaginären Todesspiele dienten einem gesunden Umgang mit unserer Todessehnsucht oder unseren Aggressionsfantasien, sind als grundlos, unbewiesen oder schlicht unverantwortlich anzusehen. Todeswünsche auszuleben, gleich ob real oder in der Fantasie, kann uns niemals dem Frieden näher bringen, weder dem Frieden in unserem Herzen noch dem friedlichen Zusammenleben.

Tödliche Urteile

Unsere Beschäftigung mit dem Tod beschränkt sich jedoch bei Weitem nicht auf eine reale oder vorgestellte Beteiligung an physischer Gewalt. Immer und immer wieder sind wir in sehr viel weniger spektakuläre, aber nichtsdestotrotz destruktive Todesspiele verstrickt. Während meines Aufenthalts in Nicaragua und bei den Vorlesungen und Diskussionen über das nicaraguanische Volk, die ich anschließend in den USA hielt, wurde mir zunehmend deutlich, wie schnell Urteile und Stereotype Menschen und ganze Länder zu Karikaturen machen können, die willkommene Entschuldigungen für Zerstörung und Krieg liefern. Indem wir von Nicaragua lediglich als einem von Totalitarismus und Atheismus geprägten Land mit marxistisch-leninistischer Ideologie sprechen, schaffen wir in unserer Vorstellung ein Ungeheuer, das wir dringend bekämpfen und vernichten müssen. Wann immer ich von den Menschen in Nicaragua und ihrem tiefen christlichen Glauben sprach, von ihrem Bemühen um wirtschaftliche Unabhängigkeit, ihrem dringenden Wunsch nach besserer medizinischer Versorgung und einem besseren Schulsystem und ihrer Hoffnung, unbehelligt von außen ihre eigene Zukunft gestalten zu können, fand ich mich mit tödlichen Vorurteilen konfrontiert. Beispielsweise hieß es: „Sollte uns nicht bewusst sein, dass Russland versucht, dort an Einfluss zu gewinnen? Müssen wir uns nicht der zunehmenden Bedrohung durch die finsteren Mächte des Kommunismus stellen?“ Solche Äußerungen ließen mich etwas Entscheidendes erkennen: Lange bevor wir einen Krieg beginnen, Menschen töten oder Länder verwüsten, haben wir bereits unsere Feinde in Gedanken getötet, indem wir sie zu Abstraktionen machen, mit denen keine echte menschliche Beziehung

möglich ist. Wenn Männer, Frauen und Kinder, die essen, trinken, schlafen, spielen, arbeiten und lieben wie wir, zum abstrakten kommunistischen Bösen geworden sind, das wir – im Auftrag Gottes! – ausmerzen müssen, dann ist der Krieg unvermeidlich.

Die Nazis haben menschliche Individuen, die Juden, zu Abstraktionen gemacht. Sie haben aus den Juden „die Judenfrage“ gemacht. Und für abstrakte Probleme gibt es abstrakte Lösungen. Die Lösung für die Judenfrage bestand in der Gaskammer. Der Weg zur Gaskammer war gepflastert mit entmenschlichenden Abstraktionen: Isolierung von Nichtjuden, Kennzeichnung mit dem Judenstern, Deportation zu weit entfernten Konzentrationslagern. So wurde der Jude weniger und weniger einer von uns und mehr und mehr ein Fremder und schließlich „die Judenfrage“.

Wenn ich über die Entsetzlichkeit des Zweiten Weltkriegs nachdenke, wird mir klar, wie viel Gewalt in den Köpfen war, bevor sie grausame Realität wurde. Heute scheint ein ähnlicher Prozess abzulaufen. Wir haben „entschieden“ über die Menschen aus Nicaragua, die Kubaner und die Russen. Diese abstrakten, nur aus unserer Vorstellung

Gegen den Tod nein zu sagen beginnt viel früher als das Nein gegen physische Gewalt.

hervorgegangenen Geschöpfe sind Ergebnis der Todesmächte.

Gegen den Tod nein zu sagen beginnt deshalb viel früher als das Nein gegen die physische Gewalt im Krieg oder die Gewaltdarstellungen zur Unterhaltung. Das Nein gegen den Tod erfordert echte Zustimmung zu den Worten Jesu: „Richtet nicht“ (Matthäus 7,11). Ein Nein gegen den Tod muss immer auch ein Nein gegen jede Gewalt in Herz oder Verstand sein. Mich danach zu richten fällt mir allerdings sehr schwer.

Immer wieder ertappe ich mich dabei, dass ich andere in eine Schublade stecke: „Ihn kann man nicht ernst nehmen. Ihr geht es doch nur um Aufmerksamkeit. Dies sind aufrührerische Demagogen, die nur Schwierigkeiten machen wollen.“ Solche Urteile sind eine Form von moralischem Mord. Ich teile meine Mitmenschen ein, kategorisiere und halte sie auf sicherem Abstand. Mit dem Urteilen lade ich mir jedoch selbst falsche Lasten auf. Ich teile die Welt in Gute und Schlechte; damit spiele ich mich als Gott auf. Doch jeder, der sich als Gott aufspielt, handelt schließlich wie ein Dämon.

Über andere zu urteilen bedeutet, sich über sie zu stellen, fern von dem Ort, wo die Schwachen, Kranken und Unvollkommenen sind. Darin zeigt sich unsere Arroganz und Anmaßung, aber auch unsere Blindheit, und zwar den an-

Wahre Friedensstifter urteilen niemals.

deren wie uns selbst gegenüber. Paulus stellt fest: „Darum bist du unentschuldbar – wer du auch bist, Mensch –, wenn du richtest. Denn worin du den andern richtest, darin verurteilst du dich selber, da du, der Richtende, dasselbe tust. Wir wissen aber, dass Gottes über alle richtet, die solche Dinge tun“ (Römer 2,1-2).

Es berührt mich, dass wahre Friedensstifter niemals urteilen, weder über ihre nahen noch über ihre fernen Nachbarn, weder über ihre Freunde noch über ihre Feinde. Ich finde es hilfreich, Friedensstifter als Menschen zu sehen, deren Herz so tief in Gott verankert ist, dass sie die anderen nicht bewerten, kritisieren oder nach Wichtigkeit einteilen müssen. Sie können ihre Nachbarn – ob aus Nordamerika, Russland, Nicaragua, Kuba oder Südafrika – als ihre Mitmenschen sehen, als „Mitsünder“ und „Mitheilige“, als Männer und Frauen, die gehört und gesehen werden wollen, die der Fürsorge in der Liebe Gottes bedürfen und erkennen können müssen, dass sie zur selben Menschheitsfamilie gehören wie wir.

Ich erinnere mich lebhaft an die Begegnung mit einem Mann, der niemals urteilte. Ich war so sehr daran gewöhnt, mit Menschen zusammen zu sein, die beständig ihre vielen Meinungen über andere äußern, dass ich mir in seiner Gegenwart zu Anfang ein wenig verloren vorkam. Worüber spricht man, wenn niemand zum Diskutieren oder Urteilen da ist? Als mir jedoch aufging, dass er auch mich nicht beurteilte, fand ich allmählich zu einem neuen inneren Frieden. Mir wurde klar, dass ich nichts verteidigen oder verstecken musste und in seiner Gegenwart ganz ohne Furcht ich selbst sein konnte. Mit diesem wahren Friedensstifter konnte ich eine neue Ebene des Gesprächs betreten, die nicht auf Vergleichen oder Wettbewerb beruht, sondern auf der gemeinsamen Feier der Liebe des einen, der „nicht in die Welt gesandt ist, damit er die Welt richtet, sondern damit die Welt durch ihn gerettet wird“ (Johannes 3,17). Durch diesen Mann gelangte ich zu der Einsicht, dass bei Jesus, dem Gott alle Macht zu richten gegeben hat (vgl. Johannes 5,22), Urteilen Gnade bedeutet.

Diese Begegnung prägt mein Leben noch heute. Lange Zeit dachte ich, dass ich zu allem und jedem eine Meinung haben müsste, um am alltäglichen Leben teilzunehmen. Doch dieser Mann hat mich gelehrt, dass ich mein Leben ohne die Last des Urteilens leben kann und dass ich frei bin, zu hören, zu sehen, mich zu kümmern und ohne Angst die mir zugedachten Geschenke anzunehmen. Je mehr ich frei werde von meinem inneren Drang, mir möglichst schnell klar zu werden, wer der andere „wirklich“ ist, desto mehr fühle ich mich als Mitglied der gesamten Menschheitsfamilie, die unseren Planeten von Ost bis West, von Nord bis Süd bewohnt. Mein Nein zur Gewalt des Urteilens führt mich zur Gewaltlosigkeit des Friedensstiftens, in dem ich all meine Brüder und Schwestern umarmen kann, die das Leben mit mir teilen.

Spiritueller Suizid

Es geht aber um noch mehr. Als Friedensstifter müssen wir den Mut aufbringen, den Todesmächten, die in uns am Werk sind, ins Auge zu blicken. Diese Todesmächte zeigen sich in der Art, wie wir fühlen und uns selbst sehen. Unsere innersten Gedanken können vom Tod beeinflusst sein.

In all meinen inneren Konflikten fällt es mir am schwersten, mich selbst zu akzeptieren, mich als geliebt zu verstehen und mich an meinem Dasein zu freuen. Manchmal scheinen tief in meinem Herzen verborgene böse Stimmen mir einzuflüstern, dass ich wertlos, nutzlos, ja verachtenswert bin. Es mag seltsam klingen, aber diese negativen inneren Stimmen sind gerade dann besonders laut, wenn meine Familie und meine Freunde, Studierende, Lehrer, Unterstützer und Menschen, die mir auf andere Weise zugetan sind, mich mit Lob überhäufen. Gerade dann raunen mir die Stimmen zu: „Ja, aber sie kennen dich nicht wirklich, sie sehen nicht, wie hässlich du im

Die Stimme der Selbstablehnung ist einer der größten Feinde der Friedensstifter.

Inneren bist. Wenn sie das wüssten oder sähen, würde ihnen klar, wie unrein und egoistisch du bist, und sie würden ihr Lob ganz schnell revidieren." Diese Stimme der Selbstablehnung ist wohl einer der größten Feinde der Friedensstifter. Sie verführt uns zum spirituellen Suizid.

Die Kernbotschaft des Evangeliums lautet, dass Gott seinen geliebten Sohn gesandt hat zur Vergebung unserer Unvollkommenheit und um uns zu neuen Menschen zu machen, die in dieser Welt leben können, ohne von Selbstzerstörung, Gewissensbissen und Schuld gelähmt zu sein. Diese Botschaft gläubig anzunehmen und wirklich zu glauben, dass uns vergeben wird, ist wohl einer der schwersten spirituellen Kämpfe, die wir auszufechten haben. Offensichtlich können wir unsere Selbstablehnung nicht aufgeben. Wir hängen an unserer Schuld, als ob vollständige Vergebung uns vor eine neue und unheilvolle Aufgabe stellen würde, die uns Angst macht. Widerstand gehört wesentlich zur Friedensarbeit; das Nein der Friedensstifter muss bis in ihr eigenes Herz reichen und den todbringenden Mächten des Selbsthasses widersprechen.

Ich glaube oft, dass ich mich nur so zögerlich für den Frieden einsetze, weil ich mich selbst noch immer nicht als einen Menschen sehe, dem vergeben ist, der nichts zu fürchten hat und der in aller Freiheit die Wahrheit aus-

Echter spiritueller Widerstand erfordert ein Nein gegen den Tod, wo immer er sich zeigt.

sprechen und das Königreich des Friedens verkündigen kann. Manchmal scheinen die dämonischen Mächte des Bösen und des Todes mich zu dem Glauben verführen zu

wollen, ich hätte den Frieden nicht verdient, für den ich mich engagiere. Dann klage ich mich selbst an, werde kleinlaut und alles erscheint mir sinnlos. Immer zögere ich, die Gnade, die mir zuteilgeworden ist, anzunehmen und klar zu sagen: „Als Mensch, dem vergeben ist, fordere ich den Frieden, der aus der Vergebung erwächst."

Meine inneren Konflikte teile ich mit Millionen anderer Menschen. Abgesehen von ihrem selbstsicheren Verhalten und materiellem Erfolg halten viele Menschen sich für wenig bedeutend. Sie mögen es nicht zeigen, weil es gesellschaftlich nicht akzeptiert ist, aber sie leiden nichtsdestotrotz. Depressive Stimmungen, Angstgefühle, das Empfinden spiritueller Einsamkeit und – am schmerzlichsten – Schuldgefühle über in der Vergangenheit begangene Fehler quälen häufig auch geachtete Männer und Frauen. Diese Gefühle gleichen kleinen Nagern, die langsam, aber sicher die Wurzeln unseres Lebens auffressen.

Ich glaube, dass der Kampf gegen diese selbstmörderischen inneren Mächte schwerer ist als jeder andere spirituelle Kampf. Wenn alle, die an Jesus Christus glauben, wirklich glauben könnten, dass ihnen grundlegend vergeben ist, dass sie bedingungslos geliebt und dazu aufgerufen sind, im Namen des vergebenden Gottes den Frieden auszurufen, dann stünde unser Planet nicht am Rande der Selbstzerstörung.

Ein weitreichendes Nein

Es mag abwegig erscheinen, das Nein der Friedensstifter gegen den Atomkrieg auf ein Nein gegen Gewalt im Bereich der Unterhaltung, ein Nein gegen zerstörerische Vorurteile und ein Nein gegen Selbstablehnung auszuweiten. Doch wenn wir eine Spiritualität des Friedensstiftens entwickeln wollen, können wir uns nicht auf eine Seite des Widerstands beschränken. Alle Stufen müssen in den Blick genommen werden, selbst wenn wir scheinbar vom Hundertsten ins Tausendste kommen. Ich bin zutiefst davon überzeugt, dass wir all diese Formen von Widerstand als Beiträge zu einer großen Widerstandsanstrengung zusammensehen müssen. Friedensaktivisten, die für ihr Bemühen, einen Atomkrieg zu verhindern, ihre Freiheit riskieren, zur selben Zeit aber ihre Gewaltvorstellungen pflegen, sind schlechte Vorbilder und nähren einen inneren Ekel, denn sie sind nicht in der Lage, auf lange Sicht Zeugnis für das Leben ablegen. Echter spiritueller Widerstand erfordert ein Nein gegen den Tod, wo immer er sich zeigt.

Überall wo Leben ist, sind Bewegung und Wachstum. Wo immer sich Leben zeigt, müssen wir auf Überraschungen, unerwarteten Wandel und fortwährende Erneuerung gefasst sein. Kein Leben bleibt immer gleich. Leben bedeutet, immer wieder dem Unbekannten zu begegnen. Leben erfordert Vertrauen. Wir wissen zu keinem Zeitpunkt, wie wir uns in der nächsten Woche, im kommenden Jahr oder in zehn Jahren fühlen, was wir denken und wie wir uns verhalten werden. Es gehört zum Wesen des Lebens, einer unbekannten Zukunft zu vertrauen und sich dem Geheimnis des Nichtvorhersehbaren zu stellen.

In Zeiten wie heute, da alles aus dem Gleichgewicht geraten ist und nur weniges Orientierung bietet, ist die Unsicherheit so groß geworden, dass wir versucht sind, lieber die Gewissheit des Todes als die Unsicherheit des Lebens zu wählen. Viele Menschen bringen in Worten oder durch ihr Handeln die Überzeugung zum Ausdruck: „Lieber sicheres Unglück als unsicheres Glück!“ Oder auf komplexere Situationen übertragen: „Besser eindeutige Feinde als mit Menschen zusammenzuleben, auf deren beständige Freundschaft kein Verlass ist.“ Oder: „Lieber um Verständnis für Schwächen werben als sich um deren Überwindung zu bemühen.“ Oder: „Besser schlecht angesehen sein als in jeder neuen Situation wieder für das Gute eintreten zu müssen.“ Es ist bestürzend, wie viele Menschen

Der Mensch ist versucht,
die Genugtuung des Todes zu wählen,
wenn die Befriedigung durch das Leben
zu unsicher erscheint.

sich für die Sicherheit des Elends entscheiden, um sich nicht mit der Unsicherheit des Glücks befassen zu müssen. Dies ist eine Entscheidung für den Tod, eine Wahl, die umso attraktiver wird, je weniger die Zukunft noch vertrauenswürdig ist.

Ich erinnere mich an eine Zeit aus meiner Kindheit, in der ich bereit war, mich für das Versagen zu entscheiden, bevor ich mich überhaupt ernsthaft um Erfolg bemüht hatte. So sagte ich mir etwa selbst: „Warum nicht weinend wieder vom Sprungbrett zurückgehen? Dann werde ich jedenfalls bedauert, wenn ich auch keine Anerkennung bekomme." Solche Kindheitserinnerungen vermitteln einen Eindruck von der Versuchung, der wir alle jeden Tag überall ausgesetzt sind. Wir sind versucht, die Genugtuung des Todes zu wählen, wenn die Befriedigung durch das Leben zu unsicher erscheint. Wenn die Zukunft nur noch finster, ängstigend und unsicher ist und nicht mehr einladend, ist es dann nicht sehr verständlich, sich für das jetzt Mögliche zu entscheiden, selbst wenn es lückenhaft und uneindeutig ist oder mit dem Tod zu tun hat?

Die nukleare Bedrohung, angesichts derer die Zukunft nicht mehr zu deuten ist, sich verfinstert hat und massive Ängste auslöst, hat uns zunehmend dazu verführt, uns mehr als je zuvor kurzfristigen Vergnügungen hinzugeben. Es ist deshalb sehr gut möglich, dass mit den zuneh-

Todesfaszination und Hedonismus hängen zusammen.

menden Zweifeln an einer lebenswerten Zukunft eine weiter wachsende todesverliebte Selbstbezogenheit einhergeht. Todesfaszination und Hedonismus hängen eng

zusammen, denn Lust wie Tod lenken uns ab von der ängstigenden Zukunft und sperren uns in die angenehmen Sicherheiten der Gegenwart ein.

Friedensarbeit erfordert ein eindeutiges Nein zum Tod in all seinen Erscheinungsformen. Wir können nicht nein zum Nukleartod sagen, wenn wir nicht auch nein sagen zu den weniger in der Aufmerksamkeit stehenden, aber gleich scheußlichen Todesformen wie etwa Abtreibung oder Todesstrafe. Als Friedensstifter muss uns die enge Beziehung zwischen den vielen Formen gegenwärtiger Todesfaszination und dem durch einen atomaren Holocaust verursachten Tod bewusst sein. Indem wir unsere vielen „unschuldigen" Todesspiele in unserem Leben erkennen, verstehen wir allmählich, dass wir selbst Teil der komplexen Zusammenhänge des Kriegs sind, der seinen schrecklichsten Ausdruck in einem atomaren Holocaust findet.

Wahrer Widerstand erfordert in aller Bescheidenheit zu bekennen, dass wir Teil des Bösen sind, dem wir zu widerstehen versuchen. Das ist eine sehr schwere und anscheinend nie endende Aufgabe. Je entschiedener wir nein sagen, desto mehr entdecken wir die alles beherrschende Präsenz des Todes. Je mehr wir Widerstand leisten, desto deutlicher wird uns, gegen wie viel mehr wir noch Widerstand leisten müssen. Die Welt – und wir gehören zur Welt – ist wahrlich das Feld Satans. Als der Dämon Jesus alle Königreiche dieser Welt und ihren Reichtum zeigt, stellt er eine Bedingung: „Das alles will ich dir geben, wenn du dich vor mir niederwirfst und mich anbetest" (Matthäus 4,9). Jesus diskutiert nicht darüber, ob diese Königreiche dem Satan gehören; er verweigert schlicht die Anbetung. Die Welt und ihre Reiche stehen unter der destruktiven Macht des bösen Geistes, des Geistes der Zerstörung und des Todes. Die atomare Bedrohung zeigt die extremsten Auswirkungen dieser Wahrheit. Nicht Gott, der die Welt aus Liebe erschaffen hat, wird sie zerstören, sondern *wir* zerstören sie, wenn wir zulassen, dass die satanische Macht des Todes uns beherrscht. Aus diesem Grund ist das Nein zum Tod in all seinen Erscheinungsweisen eine so dringliche spirituelle Aufgabe.

Ja sagen

Die Dämonen nicht direkt bekämpfen

Bei der Beschreibung des Neins des Widerstands habe ich bereits auf das Ja des Widerstands hingewiesen. Bedeu-

tung hat der Widerstand gegen die Mächte des Todes nur, wenn wir wirklich mit den Mächten des Lebens verbunden sind. Es ist entscheidend wichtig, nicht die Todesmächte zu überwinden, sondern das Leben zu feiern.
Die gezielte Konzentration auf den Kampf gegen die Mächte der Zerstörung ist gefährlich und kann großen Schaden anrichten. Wenn ich mir ausmale, was ein atomarer Holocaust auf unserem Planeten anrichten würde, ist es mir oft, als ob mich eine große Finsternis umschließt und mich an einen Ort der Depression und Verzweiflung zieht. Mich den Mächten des Todes entgegenzustellen, die mich bereits fest im Griff haben, führt dazu, dass ich mich oft völlig kraftlos fühle und den Kontakt mit der Quelle meines Lebens verliere. Wie schnell werde ich zum Opfer der Kräfte, gegen die ich kämpfe! Wenn ich meine gesamte Aufmerksamkeit darauf richte, mich gegen den Tod aufzulehnen, bekommt der Tod am Ende mehr Aufmerksamkeit, als ihm zusteht. Deshalb wird mein Kampf gegen die finsteren Todesmächte zur Arena meiner Verführbarkeit. Ich frage mich oft, ob meine Depression und die vieler meiner Freunde nicht ein seltsames Anzeichen dafür ist, dass unsere vielen Versuche, nein zu sagen, uns mehr geschadet haben, als wir zugeben wollen.
Von den im 4. Jahrhundert in der ägyptischen Wüste le-

Es ist wichtig,
nicht die Todesmächte zu überwinden,
sondern das Leben zu feiern.

benden Mönchen wird eine tiefe Weisheit überliefert: „Kämpfe nicht direkt gegen die Dämonen." Die Wüstenväter ahnten, dass die direkte Auseinandersetzung mit den Kräften des Bösen so viel spirituelle Reife und Heiligkeit erfordert, dass nur wenige dazu fähig sind. Deshalb lehrten sie ihre Jünger, den Fürsten der Finsternis nicht zu sehr zu beachten, sondern sich stattdessen auf den Gott des Lichts auszurichten und damit indirekt, aber unweigerlich die Macht des Dämons zu brechen. Eine direkte Auseinandersetzung mit dem Dämon würde ihm nach Überzeugung der Wüstenväter genau die Aufmerksamkeit geben, nach der er verlangt. Sobald er sich unserer Aufmerksamkeit sicher ist, hat der die Macht, uns zu verführen. Davon handelt die Geschichte vom Sündenfall. Evas erster Fehler bestand darin, der Schlange zuzuhören und sie einer Antwort zu würdigen. Sobald der Teufel ihre Aufmerksamkeit besaß, war es nicht schwer für ihn, sie dazu zu bringen, von der verbotenen Frucht zu essen.

Diese frühe christliche Weisheit hat für das Friedensstiften große Bedeutung. Als Friedensstifter bin ich in der Versuchung, die Macht der Todeskräfte zu unterschätzen und mich ihnen deshalb direkt in den Weg zu stellen. Gerade weil ich ein sündiger und gebrochener Mensch bin, haben die Kräfte des Bösen viele Angriffspunkte und können mich leicht in ihr Netz verwickeln. Nur Christus, der

Feinde verdienen nicht Aggression, Zurückweisung, Vorbehalte oder Verachtung, sondern Liebe.

ohne Sünde war, konnte den Tod überwinden. Es wäre naiv zu glauben, wir hätten die Kraft, uns allein dem Tod zu stellen und überleben zu können.

88 Friedensstifter stehen in großer Gefahr, zu Opfern der Mächte des Bösen zu werden, die sie zu überwinden suchen. Dieselbe Angst vor „dem Feind", der kriegsbereite Menschen einen Krieg beginnen lässt, kann auch die Menschen, die den Frieden suchen, erfassen und dazu führen, dass sie die Krieg Führenden als „den Feind" sehen. Sehr schnell schleichen sich dann zornige und feindselige Worte in die Sprache der Friedensstifter ein. Sogar der Gedanke der Bedrängnis und Krise, der das Wettrüsten befördert, kann in der Friedensarbeit zur treibenden Kraft werden. Dann sind die Strategie des Kriegs und die Friedensstrategie nicht mehr unterscheidbar und dem Friedensstiften ist etwas Wesentliches verloren gegangen. Dabei handelt es sich um weit mehr als nur um eine theoretische Möglichkeit. Wenn ich verbissen, aufgebracht und feindselig werde, wenn ich in Plänen gefangen bin, wie ich Menschen dazu bringen kann, sich für mich zu entscheiden, und wenn ich nichts mehr von dem Frieden ausstrahle, den ich in der Welt aufscheinen lassen will, kann ich dann wirklich erwarten, andere zu überzeugen, für mich zu gewinnen und für den Frieden zu motivieren? Viele Menschen stehen der Friedensbewegung äußerst re-

serviert gegenüber. Das liegt unter anderem daran, dass sie den Frieden, den sie suchen, bei den Mitgliedern der Friedensbewegung nicht finden. Stattdessen treffen sie häufig auf verängstigte und aufgebrachte Menschen, die andere von der Dringlichkeit ihres Protests überzeugen wollen. Es ist tragisch, dass Menschen, die sich für den Frieden engagieren, oft mehr von den Dämonen zeigen, gegen die sie kämpfen, als von dem Frieden, den sie bewirken wollen.

Liebe deine Feinde

Die Worte Jesu zielen in die Mitte unseres Problems: „Liebt eure Feinde; tut denen Gutes, die euch hassen. Segnet die, die euch verfluchen; betet für die, die euch misshandeln" (Lukas 6,27-28). Je länger ich über diese Worte nachdenke, desto überzeugter bin ich, dass sie der Maßstab für alle Friedensstifter sind. Meine Feinde verdienen nicht meine Aggression, meine Zurückweisung, meine Vorbehalte oder meine Verachtung, sondern meine Liebe. Spirituelle Lehrer aller Zeiten haben hervorgehoben, dass die Feindesliebe der Eckstein der Botschaft Jesu ist und untrennbar zum Heiligsein gehört.

Für uns angstgeplagte Menschen ist die Feindesliebe die größte Herausforderung, denn aus Furcht teilen wir die

Welt in Menschen ein, die für uns sind, und Menschen, die gegen uns sind, in Menschen, die lieben, und Menschen, die hassen, in Freunde und Feinde. All diese Unterscheidungen beruhen auf der Illusion, dass unsere Mitmenschen darüber entscheiden, wer wir sind, und dass unser Sein von ihren Äußerungen, Gedanken und Handlungen abhängt. Die Feindesliebe zwingt uns, diese Illusion aufzugeben und in dem Wissen zu handeln, dass Gott alle Menschen bedingungslos liebt, unabhängig von ihrem Geschlecht, ihrer Religion, ihrer Rasse, Hautfarbe oder Nationalität und unabhängig von ihrem Alter und ihrer Intelligenz. Wir unterscheiden zwischen Freunden und Feinden, nicht jedoch unser liebender Gott. Deshalb ist es für Friedensstifter entscheidend, sich in dieser allumfassenden Liebe Gottes zu verankern, denn Gott „lässt seine Sonne aufgehen über Bösen und Guten und er lässt regnen über Gerechte und Ungerechte“ (Matthäus 5,45). Nur die tiefe Verankerung in Gottes allumfassender Liebe kann Friedensstifter davor bewahren, von denselben Aggressionen, Vorurteilen und derselben Gewalt bestimmt zu werden, die zum Krieg führen.

Was hat das alles mit Widerstandsarbeit zu tun? Nur aus einem liebenden Herzen, aus einem Herzen, das immer und überall dem Leben zugewandt ist, kann ein Nein zum Tod erwachsen, das nicht vom Tod korrumpiert ist. Ein

Der Mensch unterscheidet zwischen Freunden und Feinden, nicht jedoch der liebende Gott.

Mensch, der Freunde und Feinde liebt, ruft Leben hervor und steht dafür, dass das Leben gefeiert wird. Er weigert sich, beim Tod zu bleiben, denn er ist immer in tiefer Freude über die Fülle des Lebens. Nur im Zusammenhang dieses unbändig liebenden Ja zum Leben kann die Macht des Todes überwunden werden. Deshalb stelle ich hier in aller Klarheit fest, dass die erste und wichtigste Aufgabe für Friedensstifter nicht im Kampf gegen den Tod besteht, sondern darin, jedes Zeichen des Lebens hervorzurufen, zu bejahen und zu fördern, wo immer es sich zeigt.

Die Suche nach einem Leben der Zärtlichkeit und Verletzlichkeit

Der Tod kommt mit Sicherheit, er trifft alle und ist unausweichlich. Und der Tod ist groß, ungestüm, laut und sehr pompös. Eine Militärparade, in der Panzer und Raketen und die Disziplin der uniformierten Soldaten zur Schau gestellt werden, ist ein typischer Ausdruck der Todesmacht. Leben ist anders. Leben ist äußerst verletzlich. Leben braucht Schutz von Anfang an – die gerade aufblühende Pflanze, der Vogel, der zum ersten Mal sein Nest verlässt, das vor sich hin brabbelnde Baby. Das junge Leben ist winzig, verborgen und zerbrechlich. Leben drängt sich nicht in den Vordergrund. Es will verborgen bleiben

*Die Töne des Lebens sind sanft
und scheinen oft Teil der Stille zu sein,
in der sie zu vernehmen sind.*

und nur zögernd zum Vorschein kommen. Leben ist leise. Die Töne des Lebens sind sanft und scheinen oft Teil der Stille zu sein, in der sie zu vernehmen sind. Leben bewegt

sich langsam, nicht in schnellen, zügigen Schritten, sondern in unmerklichem Wachsen, das wir nicht direkt sehen, sondern nur mit Abstand ablesen können. Leben berührt unendlich sanft, nicht in Schlägen oder Stößen, sondern in Streicheln und Liebkosungen. Leben lässt uns mit zarten Worten sprechen: „Leise, sie schläft." Und etwas später: „Jetzt kannst du sie betrachten. Ist sie nicht wunderschön? Willst du sie einen Moment halten? Sei vorsichtig."

Menschen, die der Macht des Todes entgegentreten, sind aufgerufen, das Leben zu suchen – immer und überall. Die Suche nach diesem zarten und verletzlichen Leben ist der eigentliche Widerstand. Das habe ich von Freunden gelernt, die sich dem Widerstand verschrieben haben. Sie haben mir geholfen, die Schönheit des Lebens neu wertzuschätzen. Einer von ihnen besucht jede Woche für einen Nachmittag Krebspatienten, ein anderer arbeitet mit geistig Behinderten, ein dritter verbringt Zeit mit in der Psychiatrie Vereinsamten. Irgendwie hat ihre direkte Begegnung mit den Todesmächten ihnen die Kostbarkeit des Lebens bewusst gemacht und das Verlangen in ihnen geweckt, gerade das schwache und gefährdete Leben zu schützen. Ihr ganz unspektakulärer Einsatz für gebrochene Menschen, den sie in aller Stille leisten, ist für sie zu einer echten Form des Widerstands geworden.

Den glimmenden Docht nicht auslöschen

Die Augen für das Leben sind mir neu geöffnet worden. Ein Baby zu haben scheint ganz natürlich, selbstverständlich und völlig unspektakulär. Doch für alle, denen bewusst ist, dass wir auf einem von völliger Zerstörung bedrohten Planeten leben und nur Vergangenheit und Gegenwart sicher sind, nicht aber die Zukunft, wird die Entscheidung für ein neues menschliches Leben zu einem Akt des Widerstands. Ein Kind in die Welt zu setzen, das völlig von der Fürsorge anderer abhängig ist, und es auf dem Weg ins Erwachsenenalter zu begleiten ist wahrer Widerstand gegen die Mächte des Todes und der Finsternis. Es ist das klare Bekenntnis: Für uns ist das Leben stärker als der Tod, Liebe ist stärker als Angst, Hoffnung ist stärker als Verzweiflung.
Ich erinnere mich noch genau, wie mein Freund Dean Hammer von dem Kind sprach, das er und seine Frau Katie erwarteten. Dean war gerade wegen zivilen Ungehorsams bei einer Aktion „Schwerter zu Pflugscharen“ einige Monate im Gefängnis gewesen und musste mit einer wei-

teren Haftstrafe rechnen, die ihn mehrere Jahre hinter Gitter bringen könnte. Doch inmitten aller Sorgen um ihre persönliche Zukunft und die Zukunft der Welt fühlte sich das Erwarten ihres Kindes für sie wie eine andere Weise des Ungehorsams an, ein Ungehorsam gegenüber den Mächten, die nur den Tod gebären können. Als Hannah geboren wurde, wurde sie begrüßt als göttlicher Sieg des Lebens über den Tod.

Ich kenne Dean und Katie seit vielen Jahren und habe ihren qualvollen Kampf gegen das atomare Wettrüsten verfolgt. Das hat mich Hannah in einem Licht sehen lassen, wie ich noch nie ein Baby gesehen habe. Dieses kleine, hilflose Wesen, das mich vertrauensvoll aus seinen dunklen Augen anblickte, hat mir etwas über Widerstand gesagt, das ich vorher nicht wusste. Hannah hat mir gezeigt, dass es Hoffnung gibt, selbst wenn Optimismus absurd erscheint, dass es Liebe gibt, selbst wenn Menschen vor Angst sterben, dass es sogar in einer Gesellschaft Grund zum Feiern gibt, die sich in Trauer über ihren unaufhaltsamen Verfall verzehrt.

Als ich die kleine Hannah auf dem Arm hielt und Deans und Katies tiefes Glück sah, wurde mir klar, dass das Nein zum Tod, dessentwegen Dean im Gefängnis gewesen war, ein hoffnungsvolles Nein war, denn es basierte auf einem starken und furchtlosen Ja zum Leben. Und mit Hannah

Ein Kind in die Welt zu setzen
ist ein Bekenntnis:
Leben ist stärker als der Tod.

auf dem Arm konnte ich ganz leicht die Verbindung herstellen zwischen dem Widerstand gegen Atomwaffen und dem Schutz eines ungeborenen Kindes, der Sorge für geistig und körperlich Behinderte, der Unterstützung der Alten, der Verteidigung von Gefangenen im Todestrakt und der Zuwendung zu allen Menschen, deren Leben aus dem Gleichgewicht geraten ist. Der Gott des Lebens „zerbricht nicht das geknickte Rohr und den glimmenden Docht löscht er nicht aus" (Jesaja 42,3). In unserer pragmatischen, auf Nutzen ausgerichteten und zunehmend opportunistischen Gesellschaft ist jedoch immer weniger Raum für die Schwachen, die Gefangenen, die Gebrochenen und die Sterbenden. Das geknickte Rohr wird schnell beiseite geworfen und der glimmende Docht ohne Zögern ausgelöscht.

Beim Nachdenken über das Leben als Akt des Widerstands sind mir allmählich drei Aspekte des Lebens aufgegangen, die in starkem Widerspruch zu den Todesmächten stehen: Demut, Mitgefühl und Freude. Diese drei Aspekte des Lebens müssen deshalb auch das Ja des Widerstands ausmachen. Im Folgenden will ich näher darauf eingehen, inwiefern ein bescheidenes, von Mitgefühl getragenes und freudiges Ja zum wahren Frieden führt.

Wahrer Friede
ist ein Geschenk Gottes.

Ein bescheidenes Ja

96 Das Ja der Friedensstifter ist in erster Linie ein bescheidenes, demütiges Ja. Bescheidene Menschen können ihr Leben als tief verbunden mit allem anderen Leben wahrnehmen. Während meiner Reisen nach Lateinamerika habe ich vor allem eines gelernt: wie bescheiden die Armen sind. Ihre Demut hat nichts mit Selbstablehnung oder Selbstbeschneidung zu tun, sondern mit ihrer Verbundenheit untereinander und mit ihrer Heimat. In unserer modernen Zivilisation wird so viel Wert auf Individualismus und Besonderheit gelegt, dass echtes Verbundensein schwerfällt. Die wichtigste Frage lautet für uns heute oft: Wie unterscheide ich mich von anderen? Diese Frage verstellt uns allerdings häufig den Blick auf unsere grundlegende Gemeinsamkeit als menschliche Geschöpfe. Bescheidenheit ist die wundervolle Erkenntnis, dass wir zur Welt des Kreatürlichen gehören, dass wir Mitmenschen sind und dass wir aufs Engste mit allem verbunden sind, was lebt und sich bewegt. Solange wir unsere Aufmerksamkeit ausschließlich auf unsere Unterschiedlichkeit richten, bewegen wir uns auf dem gefährlichen Weg des Vergleichens und des Wettbewerbs. Folgen Länder und Kontinente diesem Weg, sind Gewalt, Krieg und sogar globale Selbstauslöschung reale Möglichkeiten. Wenn wir

hingegen unsere enge menschliche Verbindung akzeptieren oder uns sogar an ihr erfreuen, dann befinden wir uns auf der Straße des Friedens. Älter oder jünger, mehr oder weniger attraktiv, Fremder oder Freund, Russe oder Amerikaner – all das ist weniger wichtig als die Tatsache, dass wir alle zur menschlichen Familie gehören. Es ist eine befreiende Feststellung: Ich bin wie alle anderen Menschen auch und dafür bin ich dankbar.

Es ist wichtig, dass das Ja der Friedensstifter bescheiden ist. Die Demut führt uns zu der Einsicht, dass ein stiller Nachmittag mit einem in Not geratenen Freund genauso wichtig sein kann wie eine spektakuläre Aktion für den Frieden. Friedensaktionen publik zu machen ist wichtig, um die Aufmerksamkeit der Menschen auf die unheilvollen Konsequenzen menschlicher Arroganz und menschlichen Stolzes zu lenken. Einen Nachmittag mit einem Freund in Not zu verbringen ist eine bescheidene Feier des gemeinsamen Menschseins. Eine so einfache Sache gleicht dem Aussäen eines Senfsamens.

Kranke zu besuchen, Hungrigen zu essen zu geben, Sterbende zu trösten und Heimatlose zu beherbergen spielt in der öffentlichen Wahrnehmung oft keine große Rolle und wird aus der Perspektive eines möglichen Atomkriegs häufig für irrelevant gehalten. Wie oft ist zu hören: „Diese kleinen Gnadenerweise sind Zeitverschwendung angesichts der Dringlichkeit, das Wettrüsten zu beenden." Doch Friedensstifter wissen, dass wahrer Friede ein Geschenk Gottes ist und nichts mit Statistik oder messbarem Erfolg oder Popularität zu tun hat. Frieden ist wie das Leben selbst. Er zeigt sich still und sanft. Wer kann schon wissen, ob ein „verlorener Nachmittag" bei einem kranken Freund nicht viel mehr ist als nur eine Unterbrechung eines „wahren" Einsatzes für den Frieden? Er könnte ein überaus wichtiger Beitrag zum Frieden sein. Wer weiß. Jesus geht den Weg der Bescheidenheit. Er ruft uns auf: „Lernt von mir, denn ich bin gütig und von Herzen demütig" (Matthäus 11,29). Ein demütiges Ja zu allem Leben – auch zu dem kaum beachteten – bestätigt die tiefe wechselseitige Beziehung zwischen allen Menschen und bildet die echte Grundlage des Friedens.

Ein von Mitgefühl getragenes Ja

Das Ja der Friedensstifter muss von Mitgefühl bestimmt sein und immer das je besondere Leid der individuellen Menschen im Blick haben. Während der letzten Jahre ist mir zunehmend klar geworden, dass wir versucht sind, uns auf Probleme statt auf Menschen zu konzentrieren. Doch wenn unsere Friedensarbeit in erster Linie problemorientiert ist, verliert sie leicht den Bezug auf das Herz

Frieden ist wie das Leben selbst.
Er zeigt sich still und sanft.

und wird kalt, berechnend und sehr unpersönlich. Wenn wir gegen Probleme kämpfen und nicht länger die konkreten Menschen mit ihrer besonderen Persönlichkeit und ihrer eigenen Geschichte im Blick haben, wird Wettbewerb das Mitgefühl verdrängen und Lösungen für Probleme zu finden wird möglicherweise zugleich bedeuten, Menschen zu verlieren. Unendlich viele Probleme warten dringend auf Lösungen: Armut, Unterdrückung, Ausbeutung und Korruption. Menschen jedoch sind keine Probleme. Sie lächeln und weinen, arbeiten und spielen, kämpfen sich ab und ruhen sich aus. Sie haben Namen und Gesichter, an die wir uns erinnern.

Als ich zum ersten Mal nach Peru reiste, war ich überaus motiviert, etwas gegen die brennenden Probleme Lateinamerikas zu tun. Wie viel hatte ich gehört und gelesen über Analphabetismus, Ernährungsmangel, schlechte medizinische Versorgung, Kindersterblichkeit und zahlreiche weitere Probleme. Ich war so bedrückt von meiner privilegierten Stellung, dass ich mein Alleinsein nicht mehr aushielt und unbedingt etwas unternehmen wollte, um die Not meiner Mitmenschen zu lindern. Doch als ich in Peru ankam und dort zu leben begann, begegneten mir nicht Probleme, sondern Menschen: Sofia, die an Rückenschmerzen litt, Pablo, der schon wiederholt seine Arbeit verloren hatte, Maria, die von einer eigenen Puppe

Freude ist eines der überzeugendsten Anzeichen dafür, dass ein Mensch im Geiste Jesu arbeitet.

träumte, Pablito, der in der Bibliothek Bücher lesen wollte, und Juanito, der alle möglichen Scherze mit mir trieb. Natürlich litten sie unter Armut, Unterdrückung und Ausbeutung, doch sie baten mich nicht, ihre Probleme zu lösen, sondern wünschten sich, dass ich ihr Freund wurde, mein Leben mit ihnen teilte, mit ihnen weinte, wenn sie traurig waren, und mit ihnen feierte, wenn sie glücklich waren.

Wenn unser Ja von Mitgefühl getragen bleibt, also menschenzugewandt ist, werden uns die komplizierten Probleme der Gegenwart nicht in Verzweiflung stürzen und unser Herz wird in Liebe brennen. Wir können keine Probleme lieben, doch wir können Menschen lieben und die Menschenliebe kann uns zeigen, wie wir mit Problemen umgehen können. Mitfühlende Friedensstifter sehen immer konkreten Menschen in die Augen und überwinden den menschlichen Hang, zu schnell das „wahre Problem" zu diagnostizieren.

Fraglos bedarf die Welt, in der wir leben, der kritischen Analyse. Wir müssen uns fortwährend darum bemühen, die Hauptursachen für Armut, Hunger, Heimatlosigkeit, Unterdrückung und Krieg herauszufinden. Einem Menschen in Not zu helfen ist nicht die letzte Antwort. Doch wenn wir so sehr in dem abstrakten Problem gefangen sind, dass wir nicht länger auf das konkrete Leid von Männern, Frauen und Kindern achten, dann sind wir schon vom Dämon des Todes verführt. Jesus hat die Probleme dieser Welt in vollkommener Klarheit gesehen, doch wo er auch war, immer wandte er sich den konkreten Nöten der Menschen zu. Ein Blinder sieht wieder, eine Kranke wird geheilt, eine Mutter sieht ihren toten Sohn ins Leben zurückkehren, der Gastgeber in Verlegenheit erhält den Wein zur Hochzeit, Tausende bekommen Brot und Fisch. Jesus ließ keinen Zweifel daran, dass seine Hilfe nur ein Zeichen einer viel größeren Erneuerung war. Dennoch ließ er sich durch diese Wahrheit nie von den konkreten und gerade jetzt anstehenden Problemen der Menschen abbringen, mit denen er zusammen war.

Ein freudiges Ja

Schließlich ist das Ja der Friedensstifter erfüllt von Freude. Bescheidenheit und Mitgefühl lassen Freude entstehen. Wenn wir den Mächten des Todes und der Zerstörung mit traurigem Herzen widerstehen, können wir keinen Frieden bringen. Freude ist eines der überzeugendsten Anzeichen dafür, dass wir im Geiste Jesu arbeiten. Jesus verheißt immer die Freude, eine Freude wie die einer Mutter nach der Geburt (vgl. Johannes 17,21), eine Freude, die uns keiner nehmen kann (vgl. Johannes

16,22), eine Freude, die nicht von dieser Welt ist, sondern ein Anteil an der göttlichen Freude, eine vollkommene Freude (vgl. Johannes 15,11). Vermutlich ist Freude das sicherste Anzeichen dafür, dass jemand ein Friedensstifter ist.

Traurigkeit, Verbitterung, Ärger und Melancholie sind dunkle Erfahrungen, an denen sich ablesen lässt, wie nah wir den Todesmächten gekommen sind. Wo Freude ist, da ist Leben. Als Elisabeth den Gruß ihrer Cousine Maria hört, springt das Kind in ihr vor Freude (vgl. Lukas 1,44). Neues Leben springt immer vor Freude: Eltern, die ein Kind erwarten, Kinder, die die Welt entdecken, junge Menschen, die sich verlieben, Männer und Frauen, die staunend die Schönheit der Natur bewundern. Freude ist ein Sprung zum Unerwarteten, ein Erhöhen des Neuen, ein hoffnungsvolles Ausstrecken nach dem Himmel, ein Berühren des Königreichs, ein erwartungsvolles Trippeln. Traurigkeit ist immer unbeweglich, schwer und alt. Alte Freude gibt es nicht. Freude ist immer in Bewegung, sie ist leicht und neu.

Das Leben zu bejahen bewirkt immer Freude. Ich bin immer wieder erstaunt von der Freude in den Gesichtern derer, die mit den Ärmsten der Armen arbeiten. Als ich die miserablen und anscheinend aussichtslosen Bedingungen sah, in denen diese Männer und Frauen leben und

Freude ist immer in Bewegung,
sie ist leicht und neu.

arbeiten müssen, erwartete ich zuerst Depression und Verzweiflung. Doch gerade bei den Engagiertesten sah ich die Freude. Sie erzählten mir von der unermesslichen Freude, die sie empfinden, wenn sie Kindern Lesen und Schreiben beibringen, Hungrigen zu essen geben, Kranke besuchen und Sterbende trösten. Manche wählen dafür die Worte: „Ich bin gerne mit diesen armen Menschen zusammen. Hier komme ich Jesus näher. Er hat mir eine Freude geschenkt, die ich nie zuvor empfunden habe."

Als ich diese Worte zum ersten Mal hörte, empfand ich heftige Eifersucht. Ich wünschte mir diese Freude brennend für mich selbst; bei den Schülern, Lehrern und Studierenden, mit denen ich die meiste Zeit verbrachte, hatte ich sie jedoch nicht gefunden. Ich war getroffen davon, wie traurig und melancholisch meine Freunde und ich sind. Wir haben genug zu essen und ein Dach über dem Kopf, eine mehr als ausreichende medizinische Versorgung und ein ausgezeichnetes Bildungssystem, aber führen wir ein glückliches Leben? Warum sind wir immer so ernst, so auf etwas fixiert, so ausschließlich mit der nächsten anstehenden Aufgabe beschäftigt, so enttäuscht über den kleinsten Rückschlag, so besorgt, wenn uns jemand seine Aufmerksamkeit vorenthält, so ärgerlich, wenn wir zurückgewiesen werden, und so zutiefst traurig, wenn das Leben nicht so verläuft, wie wir es uns wün-

Frieden und Freude
gleichen Geschwistern,
sie gehören zusammen.

schen? Wenn wir uns mit vielen komplizierten Problemen auseinandersetzen müssen, kann Traurigkeit zu einem Gefängnis werden und uns von der Freude abschneiden, die wir zutiefst ersehnen.

Viele Friedensstifter sind von den Bedrohungen unserer Zeit bedrückt, haben ihre Freude verloren und sind zu Untergangspropheten geworden. Doch wer mit Leidensmiene den Weltuntergang prophezeit und hofft, damit Menschen für Friedensarbeit gewinnen zu können, ist kein echter Friedensstifter. Frieden und Freude gleichen Geschwistern, sie gehören zusammen. Ich kann mich an nicht einen Augenblick des Friedens in meinem Leben erinnern, der nicht zugleich glücklich gewesen wäre. In den Evangelien finden sich Frieden und Freude immer gemeinsam. Der Engel, der die Geburt Christi, des Friedensfürsten, ankündigt, spricht zu den Jüngern: „Hört, ich verkünde euch eine große Freude, die dem ganzen Volk zuteilwerden soll" (Lukas 2,10). Und als Jesus sein Friedenswerk auf Erden vollendet hat und in den Himmel erhöht wird, kehren seine Jünger „voller Freude" (Lukas 24,52) nach Jerusalem zurück. Das Evangelium des Friedens ist also auch ein Evangelium der Freude. Friedensarbeit ist also Freudenarbeit.

Diese Freude bedeutet nicht notwendig auch Glück. Die Welt will uns glauben machen, dass Freude und Kummer sich widersprechen und dass Freude und Schmerz, Leiden, Elend und Not einander ausschließen. Die Freude des Evangeliums ist hingegen am Kreuz geboren. Diese Freude ist kein schlichtes Glücksempfinden einer Siegesfeier, sondern eine tiefe Freude, die sich mitten im Kampf verbirgt. Diese Freude weiß, dass das Böse und der Tod keine letzte Macht über uns haben. Diese Freude ist in dem Wort Jesu verankert: „In der Welt seid ihr in Bedrängnis; aber habt Mut: Ich habe die Welt besiegt" (Johannes 16,33).

Fest im Glauben widerstehen

Das Nein zum Tod kann nur Frucht bringen, wenn neben ihm ein in Demut, mit Mitgefühl und Freude ausgesprochenes Ja zum Leben steht. Widerstand wird nur dann zu etwas Spirituellem, wenn das Nein zum Tod und das Ja zum Leben nicht getrennt werden.

Wachsender Hunger, wachsende Not und wachsende Armut überall auf der Welt und die zunehmende Bedrohung durch einen Atomkrieg sind Gründe für Angst, ja sogar Verzweiflung. All die Stimmen des Todes und die vielen Zeichen der Überlegenheit der Todesmächte machen es in der Tat schwer, daran zu glauben, dass das Leben wirklich stärker ist als der Tod. Bereits zu einer Zeit, als an einen Atomkrieg noch nicht einmal zu denken war, schrieb der Verfasser des 1. Petrusbriefs: „Euer Widersacher, der Teufel, geht wie ein brüllender Löwe umher und sucht, wen er verschlingen kann“ (1. Petrus 5,8). Heute haben diese Worte eine neue und konkrete Relevanz für uns. Sie fassen unsere Ängste in Worte. Wir fürchten uns wirklich vor einem brüllenden Löwen, der uns in Stücke zu reißen droht.

„Leistet ihm Widerstand in der Kraft des Glaubens“ (1. Petrus 5,9), heißt es als Antwort. Diese Worte fassen alle spirituellen Antworten auf sämtliche Bedrohungen zusammen. Dieser Widerstand in der Kraft des Glaubens gründet sich nicht auf unsere Erfahrungen, Fähigkeiten, unsere Intelligenz oder unseren Willen, sondern auf den Glauben an Christus, der die Mächte des Bösen und des Todes, die die Welt beherrschen, bereits überwunden hat. Christus hat den individuellen Tod und den Tod an sich besiegt; dadurch hat der Tod keine Macht mehr über uns. Wir sind nicht länger in der finsteren Welt der Verzweiflung gefangen, sondern haben unsere Wohnung in Gott gefunden, wo der Tod keinen Raum mehr hat und das Leben ewig währt. Obwohl wir noch in dieser Welt leben, gehören wir nicht mehr zu dieser Welt. Durch unseren Glauben können wir schon jetzt Mitglieder in Gottes Haushalt sein und schon jetzt die unaufhörliche Liebe Got-

Nicht nur ist das Gebet eine Form des Widerstands, sondern der Widerstand ist auch eine Form des Gebets.

tes erfahren. Das Wissen darum, wohin wir wirklich gehören, macht uns frei, entschieden Widerstand gegen den Tod zu leisten und zugleich in Demut, mitfühlend und freudig das Leben zu bejahen, wo immer wir auch sind.

Widerstand als Gebet

Wo beten wir?

Nach der Beschreibung des Nein und Ja des Widerstands will ich im Folgenden erklären, inwiefern Widerstand nicht dem Gebet widerspricht, sondern im Gegenteil sogar eine Form des Gebets ist. Wir sind geneigt, im Widerstand den aktiven Teil des Friedensstiftens zu sehen und im Gebet das kontemplative Gegenstück. Diese Einstellung zu überwinden ist nicht leicht. Ich bin jedoch zunehmend überzeugt, dass wir die gesamte Bedeutung des Einsatzes für den Frieden erst verstehen, wenn uns klar wird, dass nicht nur das Gebet eine Form des Widerstands ist, sondern auch der Widerstand eine Form des Gebets.

Ich habe Jahre gebraucht, um zu dieser Einsicht zu gelangen, vermutlich weil ich den öffentlichen Formen des Widerstands immer fernstand und lange große Vorbehalte gegenüber dem Widerstand hatte. Jedes Mal, wenn ich

Die Realität von Gottes Vergebung und Liebe hebt die Unterschiede zwischen Menschen auf.

Menschen vor einem öffentlichen Gebäude oder einem Industriegelände gegen Atomkrieg demonstrieren sah, war ich innerlich irritiert. Häufig erklärte ich mir meine

Irritation damit, dass ich in den demonstrierenden Menschen nur aufgebrachte Leute sah, die sonst nichts zu tun hatten. Zudem war ich überzeugt, dass die wenigen, oft schlecht gekleideten Protestierer mit ihren Demoplakaten völlig ineffektiv waren und nicht nur nichts verändern, sondern die Arbeit der anderen, die sich auf herkömmliche Weise für den Frieden einsetzen, noch erschweren würden.

Doch als Freunde mich aufforderten, sorgfältiger hinzusehen, wurde mir allmählich klar, dass ich von Jesus und seinen Jüngern vielleicht genauso abgestoßen gewesen wäre wie von den kleinen Gruppen von Widerstand Leistenden. Was sie sagten, taten und darstellten, bezog sich auf eine Wirklichkeit, zu der wir den Zugang verloren haben. Es ist die Realität von Gottes Vergebung und Liebe, die die Unterschiede zwischen Menschen aufhebt und die Einheit wieder herstellt. Wovon ich in Predigten gesprochen und in Büchern geschrieben hatte, wurde in diesen „Leuten von der Straße" unmittelbar ansichtig. Was für jeden in einer schönen Zeremonie am Sonntagmorgen völlig annehmbar ist, erschien plötzlich nutzlos, übersteigert und irritierend, nur weil es sich vor einem Nukleardepot ereignete. Je näher ich meinen Widerstand leistenden Freunden kam, desto mehr verstand ich, dass sie nicht mehr und nicht weniger taten, als den Gott des Lebens an einem Ort zu bezeugen, an dem zweifelsfrei die Todesmächte am Werk sind.

Vor einigen Jahren lud mich eine Gruppe von Theologiestudierenden ein, während der Ostertage an einem Gebetsabend in Groton in Connecticut, dem Hafen für atomar bewaffnete U-Boote, teilzunehmen. Ich kannte sie als fleißige, intelligente und zutiefst gläubige junge Männer und Frauen. Ihre Einladung war herzlich und sehr persönlich; sie wussten um meine Überzeugungen. Mir war klar, dass es um mehr ging, als das Wort Gottes an einem Ort zu verkünden, wo es als eindeutige Konfrontation zu den Todesmächten und als Aufruf zur Umkehr verstanden werden würde. Obwohl ich befürchtete, mich zum Narren zu machen, war mir klar, dass es nur eine Antwort gab: Ja!

An Gründonnerstag waren wir alle damit beschäftigt, die für Karfreitag geplante Friedensaktion vorzubereiten. Die jungen Theologiestudierenden gehörten zu einer Gebetsgruppe. Viele Monate waren sie mindestens einmal am Tag zum Gebet zusammengekommen. Während der Gebetszeiten waren sie allmählich zu einer Gemeinschaft von Menschen zusammengewachsen, die auf Gottes Führung zu hören vermögen. Sie hatten gemeinsam die Bibel gelesen und studiert, über ihre Ängste und Sorgen gesprochen und nach Worten für ihre tiefsten Überzeugungen gesucht. Zusammen waren sie zu der Entscheidung gelangt, dass sie ihre Gebete genau dorthin bringen sollten, wo sich ihre größten Ängste manifestieren: an den Ort, wo Atom-U-Boote gebaut werden.

Für die meisten der Theologiestudierenden war es eine beschwerliche und lange spirituelle Reise. Viele stammten aus konservativ geprägten amerikanischen Familien, in denen der Respekt vor der Autorität der Kirche und der Respekt vor der Regierung Hand in Hand gehen. Öffentlicher Protest gegen Maßnahmen der Regierung, die zum Schutz der Menschen beschlossen worden waren, würde große Entrüstung auslösen. Doch das stille Hören auf Gottes Wort über viele Tage und Wochen und das Bemühen, sich möglichst umfassend über die vollkommene Zerstörung zu informieren, die von den Atomwaffen der U-Boote ausgehen kann, hatten die jungen Männer und Frauen zu einer neuen Klarheit geführt: Wir müssen nein sagen zu dem, was unsere Regierung in Groton tut. Einige waren der Ansicht, sie sollten das Gesetz missachten und die Inhaftierung als Konsequenz in Kauf nehmen. Andere waren weniger entschieden. Doch alle stimmten in ihrem gemeinsamen Nein zum Tod und ihrem Ja zum Leben über-

Friedensstifter bedürfen als Erste der Umkehr.

ein, in einem bemerkenswerten und für alle sichtbaren Nein und Ja.

Am meisten beeindruckte mich, dass diese Freunde nicht in der Absicht nach Groton aufbrachen, die Kriegsbefürworter zu bedrohen oder ihnen die Fäuste zu zeigen. Wenn ihre Gebete irgendetwas bewirkt hatten, dann dies: Sie selbst bedurften als Erste der Umkehr, für Selbstgerechtigkeit gab es keinen Anlass. Es ging nicht um „uns", die Gerechten, gegen die „anderen", die Bösen. Im Gegenteil, die jungen Leute waren sich zutiefst darüber im Klaren, dass die Menschen, die in der U-Boot-Werft arbeiteten, in derselben Falle der Kriegführung gefangen sind wie wir alle. Sie wollen Geld verdienen, um ihre Familien zu ernähren und die Ausbildung für ihre Kinder bezahlen zu können. Sie arbeiten für ihre Würde und ihre Selbstachtung. Sie arbeiten fürsorglich, weil sie ihre Mitmenschen, ihr Land und ihren Gott lieben. Es ist eine unaussprechliche Tragödie: Wenn das Werk ihrer Hände jemals zum Einsatz kommt, wird es niemanden mehr geben, der Fürsorge braucht.

Je länger ich den Studierenden zuhörte, die mich zu ihrer Karfreitagsfriedensaktion eingeladen hatten, desto mehr erschien mir diese Aktion wie eine Bußwallfahrt, wie das Ablegen eines Bekenntnisses vor ihnen und allen anderen und wie ein Ruf zur Umkehr, der zuallererst demjenigen

*Widerstand ist nicht nur Gebet,
sondern auch Liturgie.*

gilt, der zu dieser Umkehr aufruft. Die jungen Leute erinnerten mich an den Propheten, der seinen Kritikern antwortet, die in Zweifel ziehen, ob er überhaupt etwas bewirken kann: „Ich predige nicht gegen die Übel dieser Welt, um die Welt zu ändern, sondern um die Welt davon abzuhalten, mich zu ändern."

Die Kreuzwegstationen

Am Karfreitag fuhren wir nach Groton, um vor dem Werftgebäude für den Frieden zu demonstrieren. Die Leiter der Gruppe baten mich, mit der Gemeinschaft den Kreuzweg zu beten. Ich musste lächeln: Menschen der verschiedensten Konfessionen (Baptisten, Presbyterianer, Lutheraner, Mitglieder der United Church of Christ und Katholiken) würden gemeinsam den Kreuzweg beten. Als Kind hatte ich häufig die 14 Kreuzwegstationen in der Kirche betrachtet. Sie stehen für 14 Ereignisse zwischen dem Todesurteil durch Pontius Pilatus und der Grablegung Jesu. Diese Ereignisse sind vielfach in Gemälden und Skulpturen festgehalten. Ich erinnere mich noch gut an meine Schülerzeit, wie meine niederländischen Freunde und ich in der Kapelle unserer Schule von Station zu Station gingen, nicht jeden Tag, aber mehrmals in der Woche während der Mittagspause.

Mit zunehmendem Alter verblassten die Kreuzwegstationen zu frommen Kindheitserinnerungen. Das Zweite Vatikanische Konzil hat mein religiöses Bewusstsein stark verändert. Wie die meisten Mitkatholiken habe ich diese Anbetungspraxis aufgegeben und mich auf die offizielle Liturgie konzentriert. Wer hätte sich träumen lassen, dass ich 20 Jahre nach dem Konzil mit einer ökumenischen Gruppe von Theologiestudierenden auf den Straßen von Groton in Connecticut den Kreuzweg beten würde, um im Gebet gegen einen drohenden atomaren Holocaust Widerstand zu leisten?

Er ist für die gestorben, die den Tod vorbereiten

Sobald wir angekommen waren, legte ich meine weiße Albe und die violette Stola an und folgte dem großen Holzkreuz, das die Studenten für die Feier gezimmert hatten. 14 Studierende waren ausgewählt, um die Passion Jesu an den 14 Kreuzwegstationen zu bedenken, 14 weitere sollten zeigen, wie sich die Passion Jesu auf die heutige atomare Bedrohung bezieht.
Wir beteten inbrünstig mit Worten und Gesängen, aber auch schweigend. Wir hörten die Geschichte vom Leiden Jesu, wie wir sie in einer Kirche niemals hätten vernehmen können. Es fiel mir schwer, meine Gefühle einzu-

ordnen, doch ich spürte etwas Neues, das ich nie zuvor wahrgenommen hatte, nämlich ein sehr deutliches Bewusstsein, dass das Gebet nicht mehr nur ein äußeres, folgenloses Ereignis war. Die Worte über Tod und Auferstehung, über Leiden und neues Leben, die ich so oft gesprochen hatte, erhielten auf ein Mal eine ganz neue Kraft, die Kraft zum unzweideutigen Verdammen des Todes und zum Herbeirufen des Lebens.

Widerstand ist Liturgie

Ich habe dieses Erlebnis erzählt, weil es mich hat entdecken lassen, dass Widerstand keine im Gegensatz zur Kontemplation im Gebet stehende Aktion, sondern selbst eine echte Form des Gebets ist. Obwohl ich nur über sehr wenige eigene Erfahrungen im Widerstand gegen den Krieg verfüge, wage ich für alle, die im Namen des lebendigen Gottes Widerstand leisten, die Feststellung: Widerstand ist nicht nur Gebet, sondern auch Liturgie. Je mehr ich über meine Erfahrungen in Groton nachgedacht habe, desto stärker kann ich in ihnen eine liturgische Erfahrung erkennen. Das Wort „Liturgie“ stammt von der griechischen Wendung *ergos to lao* und bedeutet „Arbeit der Menschen“. Es handelt sich um die vom Volk Gottes gemeinsam geleistete Arbeit der Anbetung.

Traditionelle kirchliche Feiertage können zu einer radikalen Aufforderung zur Umkehr werden.

Meine Karfreitagserfahrung in Groton ist nur ein Beispiel unter vielen. Andere Christen, die Widerstand leisten, gewinnen die friedensschaffende Kraft der Liturgie auf andere Weise wieder. Traditionelle kirchliche Feiertage wie der Tag der unschuldigen Kinder am 28. Dezember oder die Verklärung Christi am 6. August können zu einer radikalen Aufforderung zur Umkehr werden, denn unschuldige Kinder sind heutzutage von der Atombombe bedroht und der todbringende Blitz über Hiroshima ist an die Stelle des lebensspendenden Lichts am Berg Tabor getreten.

Je stärker und ausgeprägter die Friedensbewegung wird, desto mehr Feiertage werden zu Friedenstagen. Das 1983 in der National Cathedral in Washington gefeierte Friedenspfingstfest und der folgende Tag des zivilen Ungehorsams im Kapitol ist ein weiteres Beispiel für „liturgische Erneuerung“. In einer solchen Liturgie verwandeln die gelesenen Texte, die gesungenen Lieder und die ausgeteilten Gaben das Bewusstsein der Menschen und geben ihnen die Kraft, ganz aus dem Frieden Gottes zu leben, selbst wenn sie dafür ausgelacht, zurückgewiesen oder inhaftiert werden. Wenn wir das Kirchenjahr unter dem Aspekt des Friedens betrachten, entdecken wir, dass Advent, Weihnachten, Epiphanias, die Fastenzeit, Ostern, Pfingsten und zahlreiche weitere Feiertage eine je ganz besondere Friedensbotschaft in sich tragen. Wir leben in

Christlicher Widerstand kann nicht von Zeichen des Erfolgs abhängen.

der Angst, dieses Jahrhundert könnte das letzte in der Geschichte sein. Deshalb muss das Kirchenjahr in all seinen Feiertagen den Frieden Christi verkündigen, der nicht von

dieser Welt ist, sondern der Erlösung dieser Welt gilt.

Durch den Gottesdienst schaffen wir gemeinsam den neuen Himmel und die neue Erde und legen den Grundstein für die Königsherrschaft Gottes unter uns. Indem wir zulassen, dass wir für Gott und füreinander verletzlich werden, und indem wir die ganz einfachen Zeichen des Friedens miteinander teilen, errichten wir die Wohnung Gottes mitten im Herzen dieser Welt. So schreiben wir die Fleischwerdung von Gottes Friedenswort fort und laden die in der Finsternis Lebenden ein, gemeinsam mit uns das Haus der Liebe Gottes zu betreten.

Das habe ich immer für wahr gehalten, doch erst als ich den Gottesdienst vor dem Ort erlebte, an dem die Werkzeuge des Todes gebaut werden, verstand ich, wie radikal die Friedensarbeit der Kinder Gottes wirklich ist.

Nicht auf Erfolg gegründet

Mit dem zuvor Gesagten will ich nicht den Eindruck erwecken, die ideale Form der Friedensarbeit sei eine Liturgie auf der Straße. Ich wollte vielmehr anhand eines konkreten Beispiels verdeutlichen, dass Widerstand eine

Form des Gebets und der Verehrung ist. Ich halte das für entscheidend wichtig, denn viele Widerstand Leistende sind vom Burnout bedroht, wenn sie feststellen, dass sich die sozioökonomische und politische Situation nicht entscheidend ändert. Viele Menschen, die sich jahrelang in der Hoffnung auf Änderung abgemüht haben, haben schließlich verzweifelt aufgegeben. Die Erkenntnis, dass sich nichts zum Besseren, sondern alles zum Schlechten geändert hat und dass Parteien, Verbände und Abgeordnete nicht von ihrem einmal eingeschlagenen Weg abgewichen sind, hat viele resignieren lassen. Sie glauben nicht mehr, dass sich ein weiterer Kampf noch lohnt.

Doch christlicher Widerstand kann nicht von Zeichen des Erfolgs abhängen. Er ist in erster Linie spiritueller Widerstand, der nicht auf Ergebnissen gründet, sondern auf der ihm eigenen Redlichkeit. Wenn wir erst einmal dem Getriebensein unserer erfolgsorientierten Welt entkommen sind und Gottes Haus des Gebets und der Verehrung betreten haben, kann unser Widerstand frei werden von der Notwendigkeit, „nützlich" zu sein. Dann kann unser Widerstand mitten in einer vom Tod bestimmten Welt zu einem klaren Zeugnis für den lebendigen Gott werden. Was immer wir tun, um den Todesmächten zu widerstehen – zuallererst muss es ein Ausdruck unserer Verehrung für den lebendigen Gott sein.

Wir mögen über die „nutzlosen" Aktionen von Friedensdemonstranten lachen. Doch wenn wir zu der Einsicht gelangen, dass diese Menschen zuallererst aus ihrem Vertrauen auf Gott handeln und immer und überall ihr Gebet Gott anbieten, können wir sie wie die drei Jünglinge betrachten, die sich weigerten, die von König Nebukadnezar errichtete goldene Statue anzubeten, und stattdessen Gott im Feuerofen verehrten (Daniel 3).

Wichtiger als unser Einfluss auf andere ist unsere eigene spirituelle Authentizität. Wenn wir unserem neuen Selbst vertrauen wollen, das wir von Jesus Christus empfangen haben, können wir angesichts der immer mehr anwachsenden Todesmächte nicht still und passiv bleiben. Wir schulden es Gott und uns selbst, nein zu sagen, denn still zu bleiben würde uns zu Komplizen des Krieges machen und den Verlust des Geschenks des Friedens bedeuten, das Gott uns gemacht hat. Hier berühren wir die Mitte allen Widerstands. Widerstand erwächst aus unserem tiefsten Verstehen unseres Selbst. Widerstand ist ein Akt spiritueller Redlichkeit. Widerstand bedeutet, den Frieden zu verkündigen, den wir in Gottes Haus gefunden haben. Widerstand ist ein Ausdruck dessen, was wir durch die verwandelnde Kraft Jesu geworden sind. So verstanden ist Widerstand eine echte Form des Gebets. Wahres Gebet aber macht sich nicht abhängig von seinen Konsequenzen.

Wahres Gebet
macht sich nicht abhängig von
seinen Konsequenzen.

Die vielen Wege des Widerstands

Nicht alle Christen fühlen sich zur Teilnahme an Friedensdemonstrationen oder zivilem Ungehorsam berufen. Ich selbst habe immer stark gezögert, irgendein Gesetz zu brechen. Bis jetzt wurde ich noch nicht verhaftet und um des Friedens willen inhaftiert. Ich habe mich immer gefragt, ob das Gefängnis Menschen nicht von ihrer Friedensarbeit abhält, statt sie darin zu bestärken. Aber vielleicht denke ich zu sehr über meinen Einfluss auf andere nach und nicht genügend über mein Vertrauen auf mein eigenes spirituelles Engagement. Kurz: Ich bin nicht sicher, ob Besonnenheit oder Feigheit, Überzeugung oder Pragmatismus, Vertrauen oder Angst mich zurückhalten. Ich weiß nur, dass das, was mir vor einigen Jahren fremd und inakzeptabel erschienen ist, sich heute zumindest als Einladung erweist, meine früheren Einstellungen zu überdenken.

In keinem Fall sollten unsere Meinungsverschiedenheiten über Demonstrationen und gewaltlosen zivilen Ungehorsam ein Argument gegen Friedensarbeit sein. Es kommt nicht darauf an, dass alle Christen sich in derselben Weise für den Frieden engagieren oder allen Arten des Friedensstiftens zustimmen. Es ist vielmehr wichtig, dass die unterschiedlichen Aktionen auch durchgeführt und als eine Weise des persönlichen oder gemeinsamen

Was von Gott kommt,
kehrt niemals leer zu Gott zurück.

Gebets erfahren werden, denn nur so können wir lebenslang Frieden stiften. Widerstand kann in der Teilnahme an Programmen zur Friedenserziehung bestehen, in öffentlichen Ansprachen oder im geschriebenen Wort. Widerstand kann sich darin zeigen, einem militaristisch eingestellten Freund behutsam zu antworten. Widerstand kann sogar bedeuten, Kranke zu besuchen, Hungernden zu helfen und für die Schwachen einzutreten. Doch solange solche Aktionen einem aufgebrachten und feindseligen Herzen entspringen, bewirken sie möglicherweise mehr Schaden als Nutzen. Wenn sich in ihnen hingegen die Dankbarkeit dafür zeigt, zum Haus Gottes zu gehören, müssen wir uns nicht länger Gedanken machen, ob unser Handeln fruchtbar ist, denn was von Gott kommt, kehrt niemals leer zu Gott zurück.

Es ist schwer zu erkennen, wie das Gebet Frucht bringen kann, es sei denn, es führt zu einer neuen und fantasievollen Beziehung zu anderen Menschen. Und es fällt mir schwer zu erkennen, wie Widerstand fruchtbar sein kann, es sei denn, er vertieft und stärkt unsere Beziehung zu Gott. Gebet und Widerstand, die beiden Säulen christlichen Friedensstiftens, sind zwei ineinandergreifende Arten, dem Frieden Ausdruck zu verleihen, den wir im Wohnort Gottes gefunden haben. Sie gehen vom selben Ausgangspunkt aus und führen zum gleichen Ziel.

Der gewaltlose Weg

Christlicher Widerstand ist gewaltlos, denn der Friede, den wir bringen wollen, ist nicht von dieser Welt. Er entsteht nicht, indem wir unsere Feinde unterjochen, sondern indem wir sie bekehren; nicht indem wir Stärke zeigen, sondern indem wir das Bekenntnis gemeinsamer Schwäche teilen; nicht indem wir abweisend werden, sondern indem wir uns selbst verletzlich machen; nicht durch Vergeltung, sondern indem wir die andere Wange hinhalten; nicht durch Gewalt, sondern durch Liebe.

Jesus zeigt den Weg. Als Pilatus ihn fragt: „Bist du der König der Juden?", antwortet er: „Mein Königtum ist nicht von dieser Welt. Wenn es von dieser Welt wäre, würden meine Leute kämpfen, damit ich den Juden nicht ausgeliefert würde. Aber mein Königtum ist nicht von hier" (Johannes 18,33.36).

Er, der zwölf Legionen Engel zu seiner Verteidigung hätte bekommen können (vgl. Matthäus 26,53), wählte den Tod am Kreuz, allein, nackt, verwundbar und wehrlos. Der Weg Jesu kennt keine Verfluchung, keine Waffen, keine Gewalt und keine Macht. Er muss keine Länder erobern, keine Ideologien auferlegen und keine Menschen beherrschen. Die Menschen sind nur Kinder, Frauen und Männer, die Liebe verdienen. Liebe aber gebraucht keine Waffen. Liebe zeigt sich nicht in Macht, sondern in Machtlosigkeit.

Jesus fordert alle ihm Nachfolgenden auf, den Weg des unbewaffneten, gewaltlosen und machtlosen Widerstands zu gehen. Wer sich für diesen Weg entschieden hat, hat seine spirituelle Kraft entdeckt. César Estrada Chávez, der Gründer der US-amerikanischen Landarbeitergewerkschaft, hat gesagt: „Die Kraft der Gewaltlosigkeit verleiht Macht, bringt Liebe hervor und lässt die gesamte Gemeinschaft antworten. Sobald Menschen diese Kraft der Gewaltlosigkeit verstanden haben, werden sie sie nicht leichtfertig aufgeben." Martin Luther King schreibt: „Gewalt gegen Gewalt vervielfacht die Gewalt und fügt der Nacht, in der keine Sterne leuchten, noch tiefere Finsternis hinzu. Finsternis kann nicht aus dem Dunkel herausführen, nur das Licht ist dazu in der Lage. Hass kann nicht aus Hass herausführen, nur die Liebe ist dazu in der Lage."

Dieser wehrlose Widerstand durch Liebe wird möglich, wenn wir die Welt nicht länger mit den Augen der Angst, des Argwohns und der Unsicherheit betrachten, sondern mit den Augen Gottes, der jedem Menschen mit unendlicher und bedingungsloser Liebe zugetan ist.

Widerstand, der Frieden bringt, teilt die Welt nicht auf in Freunde, die Schutz verdienen, und Feinde, die zerstört werden müssen. Gott hat uns in seine Wohnstatt eingela-

Gottes Weg ist der Weg der Unbewaffneten.

den, die keine solchen Unterscheidungen kennt. Es gibt nur einen Weg des Friedensstiftens: den Weg Gottes. Gottes Weg ist der Weg der Unbewaffneten; durch den Tod Jesu wissen wir von diesem Weg. Indem wir diesem Weg folgen – dem Weg der Liebe, dem Weg des Friedens, dem Weg des Kreuzes –, werden wir Gottes Kinder. „Selig sind die Friedfertigen", verkündet Jesus, „denn sie werden Kinder Gottes genannt werden" (Matthäus 5,9).

Hass, Trennung, Konflikten, dem Krieg und dem Tod zu widerstehen ist Anbetung Gottes. André Trocmé, der große französische christliche Pazifist, schreibt: „Gewaltlosigkeit ist in erster Linie ein Bekenntnis zu Gott. Wäre Gewaltlosigkeit eine einfache Methode, die ganze Welt zu gewinnen, würde sie sehr schnell von politischen Parteien von zweifelhafter Seriosität in Anspruch genommen. Und was bliebe dann von ihr?"

Nicht ohne Widerspruch

Gewaltloser Widerstand wird nicht auf allgemeine Akzeptanz treffen. Im Gegenteil: Wer Gewalt als einziges und notwendiges Mittel zum Frieden versteht, wird gewaltlos Widerstand Leistende nicht nur für realitätsfern und naiv halten, sondern sie auch als feige und als Kollaborateure und Verräter der nationalen Sache behandeln. Gewaltlo-

Die Botschaft des Friedens ist in unserer Welt nicht willkommen.

ser Widerstand ist eine große Bedrohung für die Machthaber, denn er legt nahe, dass es eine andere Realität gibt, eine Realität, die nicht manipuliert und anderen aufgezwungen wird. So wie Jesus in seiner völligen Wehrlosigkeit Spott und Wut der Mächtigen seiner Zeit hervorgerufen hat, so wird es auch jedem ergehen, der entsprechend seiner Überzeugung, dass der Frieden nicht durch das Schwert gebracht wird, denkt, spricht und handelt.

Jesus lässt keinen Zweifel daran, dass Widerstand Leistende in dieser Welt kaum willkommen sind: „Man wird euch festnehmen und euch verfolgen. Man wird euch um meines Namens willen den Gerichten der Synagogen übergeben, ins Gefängnis werfen und vor Könige und Statthalter bringen" (Lukas 21,12). „Wenn die Welt euch hasst, dann wisst, dass sie mich schon vor euch gehasst hat ... Wenn sie mich verfolgt haben, werden sie auch euch verfolgen" (Johannes 15,18.20).

Die Menschen, die zur Erkenntnis gelangt sind und zu Gott gehören, haben sich selbst zu Fremden in dieser Welt gemacht. Ihr Nein und ihr Ja wird bei den Kämpfern unverstanden bleiben. Ja, sie werden sogar Zorn, Feindseligkeit und Aggression hervorrufen, denn die Botschaft des Friedens ist in unserer Welt nicht willkommen. Ich habe keinen Zweifel daran, dass die gewaltlos Widerstand leistenden Friedensstifter in zunehmendem Maß verfolgt, misshandelt und inhaftiert werden, wenn sie weiter so handeln wie derzeit.

Je näher der Krieg, desto rauer werden Friedensstifter behandelt. Je schwerer Menschen für Kriegsbestrebungen
zu gewinnen sind, desto gnadenloser wird mit Widerstand Leistenden umgegangen. Vor langer Zeit hörte ich einmal, wie ein amerikanischer Christ einen koreanischen Minister fragte: „Sie waren im Gefängnis und haben lange für ihre Überzeugung leiden müssen. Was können dagegen wir, die hier in den Vereinigten Staaten von Amerika ein so bequemes Leben führen, schon für den Frieden tun?“ Der Koreaner lächelte verschmitzt und sagte: „Wenn Sie einfach weiter wie ein Christ handeln, werden Sie bald da sein, wo ich war.“ Bis jetzt waren die amerikanischen Gerichte äußerst nachsichtig und manchmal auch tolerant gegenüber Kriegsgegnern. Doch wenn die Mächte, die den Krieg vorbereiten, die Friedensstifter als Menschenfeinde erscheinen lassen, könnte der Tag kommen, an dem Antiatom-Demonstranten ganz andere Konsequenzen fürchten müssen, als von freundlichen Polizisten in Gewahrsam genommen zu werden und eine Nacht in der Zelle verbringen zu müssen.

Nicht allein, sondern gemeinsam

Wenn das Leben für Menschen, die nein zum Krieg und ja zum Leben sagen, schwerer wird, wie können dann christliche Widerstand Leistende und gewaltlose Friedensstifter weiter in dieser Welt leben? Die Antwort ist ganz einfach: gemeinsam! Solange wir Widerstand als individuellen heldenhaften Akt betrachten, werden nicht viele Friedensstifter dem enormen Druck standhalten, der auf ihnen lastet. Widerstand für den Frieden ist weniger eine Anstrengung tapferer und mutiger Einzelner, sondern das Werk einer Glaubensgemeinschaft. Einzelpersonen, selbst die besten und stärksten, werden bald erschöpft und entmutigt sein. Doch eine Gemeinschaft des Widerstands kann auch dann durchhalten, wenn einzelne Mitglieder schwach und verzweifelt sind. Die Anstrengungen für den Frieden können nur weitergeführt werden, wenn wir zusammen leben und zusammen arbeiten. Gemeinschaft ist unabdingbar für einen vertrauensvollen und dauerhaften Widerstand. Ohne die Gemeinschaft werden wir schnell wieder in die finstere Welt der Bedürftigkeiten und Wunden, der Gewalt und Zerstörung, des Bösen und des Todes zurückfallen. Deshalb wende ich mich im nächsten Kapitel der Gemeinschaft als drittem Merkmal einer Spiritualität des Friedensstiftens zu.

Gemeinschaft

Gebet und Widerstand können nur Ausdruck christlichen Friedensstiftens sein, wenn sie in die Gemeinschaft eingebunden sind. Ohne den Zusammenhang mit der Gemeinschaft werden Gebet und Widerstand sehr schnell zu heroischen Taten Einzelner, die von derselben Arroganz bestimmt sind wie diejenigen, die glauben, Frieden ließe sich durch Kampf erreichen. Im 2. Timotheusbrief heißt es warnend über die letzten Tage: „Die Menschen werden selbstsüchtig sein ..., überheblich und bösartig ... Den Schein der Frömmigkeit werden sie wahren, doch die Kraft der Frömmigkeit werden sie verleugnen“ (2. Timotheus 3,1-2.5). Wir mögen beten und allen möglichen Widerstand leisten, aber in einer Gesellschaft mit vielen „Feinden des Guten“ (vgl. 2. Timotheus 3,3) kann sogar unser religiös am stärksten bestimmtes Verhalten zu einem Ausdruck von Arroganz werden, mit der wir unser Geltungsbedürfnis rechtfertigen und dabei sogar noch glauben, damit Gott zu gefallen. Sehr leicht werden auch wir „heimtückisch, verwegen, hochmütig, mehr dem Vergnügen als Gott zugewandt“ (2. Timotheus 3,4). Gerade in der Bedrohung durch die atomare Vernichtung ist die Gefahr, uns von Sensationshascherei verführen zu lassen, so groß, dass das Bemühen um den Frieden leicht in sein Gegenteil umschlägt.

Deshalb ist es wichtig, dass das Haus des Friedens Gottes,

Gemeinschaft ist die
Wirklichkeit eines neuen Himmels
und einer neuen Erde.

die göttliche Wohnstatt, in einer neuen menschlichen Gemeinschaft sichtbar wird. Nur wenn wir zu einer unterstützenden und zugleich selbstkritischen Gemeinschaft gehören, besteht die Chance, dass unsere Friedensbemühungen mehr Gott dienen als uns selbst.

Gemeinschaft bietet jedoch mehr als nur einen geschützten Raum für Gebet und Widerstand. Sie ist zugleich auch die Wirklichkeit eines „neuen Himmels und einer neuen Erde“ (2. Petrus 3,13). Gemeinschaft ist nicht einfach ein Mittel, um Frieden zu erreichen, sondern der Ort, an dem der Friede, den wir ersehnen, zuerst Gestalt gewinnt.

Bekennen und Vergebung

Wer durch die Gassen und Straßen einer beliebigen amerikanischen Stadt geht, mit der U-Bahn oder dem Bus fährt oder am Bahnhof oder am Flughafen wartet, wird betroffen feststellen, wie isoliert die Menschen geworden sind. Kein Gruß, keine Geste gegenseitiger Wahrnehmung, nicht einmal ein Lächeln. Alle hasten einem unbekannten Ziel entgegen. Sie verstecken sich hinter einem Buch oder einer Zeitung, essen alleine an kleinen Einmannstehtischen und wechseln kein Wort. Es ist, als lebten sie in unsichtbaren Käfigen, die sie von ihrer Umgebung abschließen. Sie sind verkrampft, ihre Augen spiegeln Angst, ihre ganze Art lässt Misstrauen erkennen.

Wir werden permanent an die Gefahren erinnert, in denen wir leben. Als Folge verlieren wir möglicherweise allmählich das Vertrauen in unsere Mitmenschen und leben wie in Feindesland, umgeben von Menschen, die es nur auf unsere Vernichtung abgesehen haben. Was geschieht nur mit unserer Welt? Anscheinend haben die „Fürsten und Gewalten, die Beherrscher dieser finsteren Welt, die bösen Geister des himmlischen Bereichs" (Epheser 6,12) unsere Gesellschaft in einem solchen Maß unterwandert, dass wir gegen unseren Willen zu ihren Opfern geworden sind. Wir wollen uns nicht vor den Menschen auf der Straße fürchten, aber wir fürchten uns. Wir wollen unser Auto, unser Fahrrad oder unser Haus nicht mit noch mehr Schlössern sichern, aber wir tun es. Wir wollen unsere Eltern, unsere Kinder und unsere Freunde nicht davor warnen, allein auf die Straße zu gehen, aber wir warnen sie. Wir wollen nicht glauben, dass wir von Feinden umgeben sind, aber wir verhalten uns, als ob es so wäre. Und plötzlich stellen wir fest, dass wir Fremde in unserem eigenen Land geworden sind: ängstlich, isoliert und machtlos. Statt Selbstbewusstsein und Freiheit spüren wir Angst und Lähmung. Statt Hoffnung und Freude empfinden wir innere Leere und Traurigkeit.

Der Feind, den wir mit unseren Interkontinentalraketen, unseren Kampfflugzeugen und atombewaffneten U-Booten in Schach halten wollen, hat sich längst in unser Herz und unseren Verstand geschlichen und trennt uns bereits von uns selbst. Zunehmend spüren wir, dass das atomare Wettrüsten ein Zeichen des tragischen Zerfalls unserer Gesellschaft ist. Je höher wir unsere Mauern bauen, desto mehr verstecken wir das Elend dahinter. Unser gemeinsames Feindbild hilft uns, der Wahrheit auszuweichen, dass wir selbst nicht im Frieden sind.

Am tragischsten ist unsere Isolation. Kinder fühlen sich allein und unfähig, Freunde zu finden, Jugendliche suchen ein Zugehörigkeitsgefühl in Gangs, junge Familien kennen nicht einmal ihre Nachbarn. Männer und Frauen arbeiten bei künstlichem Licht in ihren Büros, sitzen hinter normierten Schreibtischen, trinken Instantkaffee aus Pappbechern, essen Fastfood und fragen sich oft, ob sie überhaupt irgendeinen Beitrag leisten. Menschen, die nicht mehr im Berufsleben stehen, fühlen sich nutzlos und überflüssig. Die Alten sind in Pflegeheime abgeschoben; ab und an ein Besuch ist alles, was ihnen bleibt. Und die vielen, die alleine sterben, sind zu stummen Zeugen der alles beherrschenden Einsamkeit geworden, die unsere Welt in ihren Klauen hält. Wie können wir da die Macht des Bösen noch leugnen? Wie können wir lachen über

*Das atomare Wettrüsten
ist ein Zeichen des tragischen Zerfalls
der Gesellschaft.*

diejenigen, die uns warnen, dass der Teufel „wie ein brüllender Löwe umhergeht und sucht, wen er verschlingen kann“ (1. Petrus 5,8)?

In diese Welt bringt Jesus Christus seinen Frieden. In dieser Welt sind wir aufgerufen, den göttlichen Frieden sichtbar werden zu lassen. Wenn wir das alleine versuchen und auf unsere Initiative und unsere eigenen Kräfte setzen, verlängern wir nur die Einsamkeit, in der wir gefangen sind. Jesus war nicht der Meinung, wir sollten alleine in die Welt hinausziehen und heldenhaft alleine gegen die Dämonen kämpfen. Nein, er hat uns seinen göttlichen Geist gesandt, der uns in einem Leib zusammenbringt, einem Leib ganz verschiedener Menschen, die vom selben Versprechen zusammengehalten werden und frei sind zur selben Friedensarbeit. Dieser neue Leib ist der Leib Christi, der zu allen Zeiten und an jedem Ort gegenwärtig ist. Das ist das große Geheimnis der Gemeinschaft der Christen. Der lebendige Christus bringt seinen Frieden denen, die frei werden wollen von ihrer Einsamkeit, ihrem Misstrauen und ihren Ängsten. Dieser lebendige Leib der Gemeinschaft der Christen kann den Mächten und Prinzipien widerstehen, die diese Welt beherrschen. Wenn Friedensstifter nicht Teil dieser Gemeinschaft sind, gehören sie nicht zum lebendigen Christus und ihr Friede ist falscher Friede.

Die Gemeinschaft der Christen wird von gegenseitigem Bekennen und wechselseitiger Vergebung bestimmt.

Wenn die Christengemeinschaft für die Friedensarbeit so wichtig ist, wie werden wir dann Teil dieser Gemeinschaft? Zunächst müssen wir die Vorstellung aufgeben, bei der Gemeinschaft handele es sich um einen Ort, eine Organisation oder eine Konfession. Solange wir bei Gemeinschaft an ein Haus, einen Konvent, eine Kirche, einen Klub, eine Kirchengemeinde, eine soziale oder eine sonstige Organisation denken, entfernen wir uns von ihrer echten spirituellen Bedeutung. Gemeinschaftliches Leben mag sich in Häusern und Organisationen abspielen, doch diese Gebäude und Organisationen sind nicht die Substanz der Gemeinschaft. Sogar Freundschaften, Ehen, Familien und Haushalte bilden nicht notwendigerweise eine christliche Gemeinschaft. Sie mögen Teil der Gemeinschaft sein, sind jedoch nicht der Mittelpunkt. Die Gemeinschaft der Christen wird wesentlich von gegenseitigem Bekennen und wechselseitiger Vergebung im Namen Jesu bestimmt. Sie ist ein vertrauensvolles Miteinander der Schwachen, in dem durch wiederholtes Bekennen und die Sündenvergebung die Kraft Jesu Christi offenbar und gefeiert wird. Christliche Gemeinschaft ist der spirituelle Ort, an dem Menschen zusammenkommen, um zu begreifen, dass Jesus Christus der Erlöser ist. Dieses Begreifen wird nur durch den Willen zu einem Leben in geteilter Verletzlichkeit möglich. Eine christliche Gemeinschaft ist eine Versammlung von Menschen, die den Frieden Christi offenbaren, indem sie zugestehen, dass sie den Frieden nicht aus eigener Kraft herbeiführen können. In einer Gemeinschaft von Christen äußern sich die Stärke in der Schwachheit, der Glaube im Erkennen des Zweifels und die Hoffnung im ehrlichen Zulassen von Zeiten der Verzweiflung. Liebe gibt sich inmitten von Neid, Verdächtigungen und Misstrauen zu erkennen, Glück in der Mitte von Trauer und Frieden in demütigem Wissen um Gewalt, Konflikte und Trennendes. Christengemeinschaft ist nichts weniger als das, was Jesus Christus unter uns unvollkommenen Männern und Frauen offenbart hat.

Bekennen und Vergebung stehen im Mittelpunkt der Sendung Jesu. Johannes der Täufer deutet auf Jesus als „das Lamm Gottes, das die Sünden der Welt hinweg nimmt" (Johannes 1,29); die zentrale Aufgabe Jesu ist die Verkündigung von Gottes Vergebung. Vergebung ist das große göttliche Geschenk, das Jesus uns anbietet. Es liegt nicht in der Macht des Menschen, Sünden zu vergeben. „Wer außer Gott kann Sünden vergeben?" (Lukas 5,21), fragen die Kritiker Jesu zutreffend. Wo immer Jesus hingeht, bietet er diese göttliche Vergebung an. Er hält sie sogar denen hin, die ihn töten. Wegen der Vergebung der Sünden vergießt er sein Blut am Kreuz (vgl. Matthäus 26,28) und sendet seine Jünger in alle Welt. Die Mission des Friedens ist eine Mission der Sündenvergebung. Durch diese Friedensmission wird die Angst überwunden und eine neue Ordnung errichtet. Das wird ganz deutlich in einer der letzten Erscheinungen Jesu. Als die Jünger ängstlich hinter verschlossenen Türen sitzen, „kam Jesus, trat in ihre Mitte und sagte zu ihnen: Friede sei mit euch! ... Wie mich der Vater gesandt hat, so sende ich euch. Nachdem er das gesagt hatte, hauchte er sie an und sprach zu ihnen: Empfangt den Heiligen Geist! Wem ihr die Sünden vergebt, dem sind sie vergeben; wem ihr die Vergebung verweigert, dem ist sie verweigert“ (Johannes 20,19.21-23).

Diese Sündenvergebung wird zum Zentrum christlicher Gemeinschaft. In der Bereitschaft, einander zu vergeben, zeigt sich Gottes Vergebung. Das hat Jesus selbst klargestellt: „Wenn ihr den Menschen ihre Verfehlungen vergebt, dann wird euer himmlischer Vater auch euch vergeben“ (Matthäus 6,14). Solche Vergebung ist kein einmaliger Akt. Nein, diese Vergebung endet nie, sie bestimmt das Leben der Christen jeden Tag. Als Petrus Jesus fragt: „Herr, wie oft muss ich meinem Bruder vergeben, wenn er sich gegen mich versündigt? Siebenmal?“, antwortet Jesus: „Nicht siebenmal, sondern siebenundsiebzigmal“ (Matthäus 18,21-22).

Was ist nötig, um Vergebung zu erlangen? Die Antwort lautet: Umkehr. Umkehr meint das demütige Bekennen

In der Bereitschaft,
einander zu vergeben, zeigt sich
Gottes Vergebung.

unserer Unvollkommenheit. „Kehrt um und glaubt an das Evangelium“ (Markus 1,15), lauten die ersten Worte Jesu und seine letzten Worte heißen: „So steht es in der Schrift: Der Messias wird leiden und am dritten Tag von den Toten auferstehen und in seinem Namen wird man allen Völkern, angefangen in Jerusalem, verkünden, sie sollen umkehren, damit ihre Sünden vergeben werden“ (Lukas 24,46-47). Die eigene Unvollkommenheit zu bekennen ist konkrete Umkehr. Jesus fordert zuallererst, zu begreifen, dass wir der Vergebung bedürfen. Ironisch bemerkt er: „Denn ich bin gekommen, um die Sünder zu rufen, nicht die Gerechten“ (Matthäus 9,13). Nur wer seine Unvollkommenheit zu sehen bereit ist, kann sich öffnen für das göttliche Geschenk der Vergebung. Deshalb ist klar, dass wechselseitiges Bekennen und Vergeben den Mittelpunkt unseres Zusammenlebens als Christen ausmachen. Gerade durch den fortwährenden Prozess von Bekennen und Vergebung werden wir frei von unserer Einsamkeit und finden zu einer neuen Möglichkeit, ohne Waffen zu leben. Christen sind Friedensstifter, nicht indem sie besondere Fertigkeiten erwerben, um Menschen miteinander zu versöhnen, sondern indem sie ihre Gebrochenheit bekennen und damit eine Gemeinschaft entstehen lassen, in der Gottes grenzenlose Vergebung in der Welt offenbar wird. Gemeinschaft entsteht, wenn wir es

Bekennen und Vergeben
sind die spirituellen Säulen,
die die Gemeinschaft der Christen tragen.

wagen, unsere Angst zu überwinden, und einander bekennen, wie sehr wir noch immer in dieser Welt verhaftet sind. Dann kann das Licht von Gottes Vergebung hell erstrahlen und wahrer Frieden wird möglich. Manchmal ereignet sich das unter Freunden oder zwischen Eheleuten. Mitunter wird es in religiösen Häusern sichtbar. Manchmal geschieht es zwischen Konfessionen und Kirchen oder sogar unter Völkern und Ländern. Trennende Grenzen verschwinden, lang gehegte religiöse oder ethnische Differenzen stehen einem dauerhaften Miteinander nicht länger im Weg. Jedes Mal, wenn dies geschieht, schlägt Gemeinschaft Wurzeln.

Es gibt keinen besseren Weg, unseren Einsatz für den Frieden zu prüfen, als die Betrachtung unserer Gemeinschaft. Möglicherweise zeigt sich, dass wir überhaupt nicht in einer Gemeinschaft leben. Das ist ein Anlass, nach der Qualität unserer Gebete und unseres Widerstands zu fragen. Doch wo immer wir auf Gemeinschaft stoßen, finden wir einen gewaltfreien Weg, ohne Waffen zusammen zu sein, einen Weg des Lebens, auf dem der Stachel des Todes (vgl. 1. Korinther 15,55) zunehmend verschwindet und neue Kräfte des Lebens zum Vorschein kommen.

Bekennen und Vergeben sind die spirituellen Säulen, die die Gemeinschaft der Christen tragen. Sie sind der von

Gott gegebene Weg, die vielen Ketten der Angst, die uns voneinander fernhalten und uns in unsere Selbstschutz-Kokons zwingen, zu zerbrechen. „Ich habe gesündigt gegen Gott und gegen dich, denn ich habe die Finsternis mehr geliebt als das Licht. Ich bitte um Vergebung.“ Jedes Mal, wenn wir das sagen, entscheiden wir uns für Versöhnung statt für Selbstverteidigung und wir stellen unsere Füße auf den Weg des Friedens (vgl. Lukas 1,7-9). Es ist kein leichter Weg, denn unsere Ängste und unser Kummer flüstern uns zu: „Mach dich nicht zum Narren. Gib den andern keine Chance, dich zu überholen, sei nicht naiv und zeig nicht deine Schwäche ...“ Doch das ist nicht die Stimme dessen, der „sich entäußerte und wie ein Sklave wurde“ (Philipper 2,7). Die Stimme der Angst erhebt sich aus unserer Finsternis und will uns verführen, noch mehr Mauern zu errichten, noch mehr Waffen zu kaufen und einen Krieg mit einem Krieg zu verhindern.

Nichtsdestotrotz: Jedes Mal, wenn wir uns für den Weg des Bekennens und der Vergebung entscheiden, erhaschen wir einen Blick auf den Ort, den der Herr uns bereitet hat (vgl. Johannes 14,2). Die Entscheidung für diesen Weg kann sich in etwas ganz Bescheidenem zeigen: in einem Brief, der den Bruch einer Beziehung heilen soll, in einem freundlichen Wort an einen aufgebrachten Freund, im Überlassen des letzten freien Platzes, in einer Anerkennung für einen Mitbewerber, in einer Einladung zu einem Gespräch, in der Bereitschaft, den ersten Schritt zu tun, jemandem die Hand reichen, in einer Umarmung, in einem Kuss. Diese und viele weitere Möglichkeiten lassen die Gemeinschaft der Liebe entstehen, und zwar nicht nur zwischen Einzelnen, sondern auch zwischen Völkern und Ländern. All diese Zuwendungen sind mehr als nur Zeichen des guten Willens. Sie sind die erste Verwirklichung des neuen Himmels und der neuen Erde, die wir ersehnen.

Hoffnungssamen

Zu einer Gemeinschaft von Bekennenden und Vergebenden zu gehören verändert unser Leben als Widerstand Leistende radikal. Es beseitigt nicht nur unsere Vereinsamung, sondern eröffnet uns den Zugang zu neuem Mut und neuem Vertrauen. Wenn wir die Zeitung mit ihren trostlosen Berichten über die Situation der Welt lesen, fragen wir uns mitunter, warum unsere Welt überhaupt noch existiert. Jeden Tag werden neue und noch zerstörerische Waffen entwickelt und jeden Tag werden neue Entschuldigungen für ihren Einsatz gefunden. Die Nachrichten aus dem Nahen Osten, aus Afghanistan, Zentral-

Hoffnung unterscheidet sich grundlegend von einer generellen Erwartung, dass alles schließlich gut ausgeht.

amerika, dem Iran und zahlreichen afrikanischen Staaten, die schrecklichen Nachrichten über Menschenhandel, Hinrichtungen, Massenmorde, Folter und Ausbeutung werfen die Frage auf, ob der kommende Holocaust, der der menschlichen Geschichte ein Ende setzt, überhaupt noch zu verhindern ist. Wir werden jeden Tag, Jahr für Jahr, von so vielen schlechten Nachrichten überflutet, dass wir resignieren möchten. Was wir hören, sehen und lesen, ist so entmutigend, dass wir mit erhobenen Händen schreien wollen: „Die Welt rennt auf den Abgrund zu. Wer kann sie aufhalten? Uns mag das Ende der Welt noch erspart bleiben, spätestens unsere Kinder aber werden damit konfrontiert. Warum also noch irgendetwas tun?"

Doch Schlechtreden und Verzweiflung stehen allem entgegen, wofür Jesus Christus gekommen ist, insbesondere dem Geschenk der Hoffnung. Jesus hat keinen statistikbasierten Optimismus verbreitet, keine politischen Analysen angestellt, kein Gleichgewicht der Mächte, keine Abschreckung und keine Erstschlagfähigkeit propagiert, sondern Hoffnung verkündet, die auf dem Versprechen von Gottes umfassender Vergebung beruht. Diese Hoffnung wird sichtbar in der Gemeinschaft derer, die an Gottes Macht der Vergebung glauben. Diese Hoffnung unterscheidet sich grundlegend von einer generellen Erwartung, dass alles schließlich gut ausgeht. Sie bedeutet konkretes, im

Die Gemeinschaft der Christen ist Ausdruck eines bereits errungenen Siegs.

Glauben an den lebendigen Gott gelebtes Leben. Diese Hoffnung ist stärker als Gewalt, Unterdrückung, Hunger, Krieg und die Strategie des Gleichgewichts des Schreckens. Sie bringt Menschen zur Arbeit am neuen Gottesreich zusammen und stellt das Licht in Aussicht, das von der Finsternis nicht erfasst wird (vgl. Johannes 1,5). Diese Gemeinschaft kann den Mächten des Todes und des Bösen widerstehen, denn sie ist der in der Welt präsente Christus selbst. Die Gemeinschaft der Christen ist die lebendige Repräsentation des auferstandenen Herrn. Sie ist ein Zeichen der Hoffnung, denn sie steht für das unauslöschliche Licht und das Leben, das nicht getötet werden kann. Zur christlichen Gemeinschaft zu gehören bedeutet, von den Mächten frei zu sein, die die Welt beherrschen. Daraus entspringt aller Widerstand. Die Gemeinschaft der Christen ist nicht eine Gruppe von Menschen, die sich zusammengefunden haben, um ihre Kräfte zu bündeln und damit die Aussicht auf den Sieg zu verbessern. Nein, die Gemeinschaft der Christen ist Ausdruck eines bereits errungenen Siegs. Bei Paulus heißt es: „Verschlungen ist der Tod vom Sieg“ (1. Korinther 15,54) und im 1. Johannesbrief steht: „Jeder, der von Gott geboren ist ..., hat die Welt überwunden“ (1. Johannes 5,4). Deshalb gründet die Hoffnung aller, die zum lebendigen Christus gehören, auf etwas bereits Geschehenem, selbst wenn die ganze Fülle

dieses Geschehens noch nicht offenbar geworden ist. Deshalb steht die Gemeinschaft der Christen, wo immer sie sich auch zeigt, für eine neue Welt inmitten der alten, für Licht in der Finsternis und für Leben mitten im Tod.
Gerade dieses siegreiche Moment der christlichen Gemeinschaft lässt sie zur wahren Gemeinschaft des Widerstands werden. Nur wenn wir Mitglieder dieser Gemeinschaft sind, kann unser Widerstand echte spirituelle Bedeutung haben.

Wie sieht eine Widerstandsgemeinschaft heute aus? Verfügen wir über irgendwelche Vorbilder? Als Antworten auf die Probleme ihrer Zeit sind immer wieder neue christliche Gemeinschaften entstanden. Im 6. Jahrhundert entstand in Reaktion auf den Untergang des Römischen Reichs die Gemeinschaft der Benediktiner. Sie bot neue Denk- und Lebensmöglichkeiten, die das Europa des Mittelalters prägten. Im 13. Jahrhundert entwickelte sich die Franziskanergemeinschaft und setzte als Gegengewicht zum Prunk und der Dekadenz der mittelalterlichen Kirche neue Akzente. Wie könnten wir die Aufgaben und Probleme unserer Tage verstehen, ohne den Einfluss der vielen christlichen Gemeinschaften zu berücksichtigen, die von den Reformatoren des 16. Jahrhunderts beeinflusst waren? Bekennen und Vergebung mögen während der verschiedenen Epochen unterschiedlich verstanden worden sein, doch immer führten sie zu einem neuen Bekennen des Auferstandenen, des Herrn der Geschichte, der die Mächte des Todes überwunden hat.

142 Wie werden wir auf die Fragen unserer Zeit antworten? Nie zuvor waren wir mit einer Macht konfrontiert, die die Geschichte selbst beenden kann. Noch niemals standen wir vor der Herausforderung, als Christen eine Antwort auf die Bedrohung durch einen kollektiven Suizid zu finden. Zu keiner Zeit mussten wir den Auferstandenen bezeugen, während zugleich die Welt, die er überwunden hat, so dicht vor der Selbstzerstörung stand wie heute. Welchen Sinn hat es angesichts der Fähigkeit des Menschen zur Auslöschung der gesamten Menschheit, über Glaube, Hoffnung, Liebe und das Ewige Leben nachzudenken? Gott hat sich als liebender Vater offenbart, der seine Kinder durch die Geschichte führt. Doch was, wenn die Geschichte als Rahmen für unser Verständnis von Gottes Liebe nicht mehr weitergeht? Jesus ist Gottes Sohn, der für unser Heil Fleisch geworden ist und unter uns gewohnt hat. Doch was, wenn wir Wege ersinnen, um in einem weltweiten Holocaust alles menschliche Fleisch zu verbrennen? Der Geist ist der Geist Gottes, der die alte in eine neue Erde verwandelt und alles neu macht. Doch was, wenn es nichts mehr zu verändern und zu erneuern gibt? Können wir wirklich über Vater, Sohn und Hei-

Im Glauben
ist der Mensch aufgerufen,
eine Gemeinschaft der Hoffnung
aufzubauen.

ligen Geist nachdenken, wenn alle Beziehungen, die der Menschheitsfamilie Gestalt geben, bedroht sind? Können wir wirklich von Geburt, Tod und Auferstehung sprechen, wenn sämtliche Fruchtbarkeit infrage steht? Können wir von Himmel und Hölle sprechen, wenn wir nicht mehr sicher sein können, dass die Erde auch weiterhin bestehen wird? Können wir unsere Augen in Glaube und Hoffnung zu Gott erheben, wenn unser Vertrauen in die Menschlichkeit zutiefst erschüttert ist?

Wir stehen vor einer Bedrohung, die sich grundlegend von allen bisherigen Bedrohungen unterscheidet, und verfügen über keine praktikable Strategie, um darauf zu reagieren. Eine neue Ordnung, ein neues Gesetz, eine neue Reformation, ein neuer spiritueller Führer – keine dieser „Lösungen" scheint uns die Hoffnung geben zu können, nach der wir Ausschau halten. Die Menschheit ist in ein Zeitalter eingetreten, in welchem dem Glauben sämtliche Unterstützungssysteme und Verteidigungsmechanismen verloren gegangen sind. Doch genau in diesem nackten Glauben sind wir aufgerufen, eine Gemeinschaft der Hoffnung aufzubauen, die der Finsternis unserer Zeit widerstehen kann.

Wenn ich an diese neue Gemeinschaft denke, sehe ich Menschen aus aller Welt vor mir, die sich einander in völliger Verletzlichkeit zuwenden. Vor meinem geistigen

Friedensstifter sind in der Welt,
sie sind jedoch nicht mehr von dieser Welt.

Auge sehe ich ein weltweites Netz von Männern und Frauen, die so vollständig abgerüstet haben, dass sie nicht nur auf ihre Waffenmacht verzichtet, sondern auch religiöse Konzepte, Symbole und Institutionen aufgegeben haben. Ich sehe sie, wie sie auf dieser Welt unterwegs sind, sich besuchen, sich gegenseitig ihre Wunden verbinden, sich einander ihre Gebrochenheit zeigen und einander vergeben mit einem einfachen Wort, einer Umarmung, einer Berührung oder einem Lächeln. Ich sehe sie alleine oder gemeinsam auf dem Weg. Sie tragen ganz einfache Kleider, kümmern sich um die Kranken, geben den Hungernden zu essen, trösten die Einsamen und harren geduldig mit den Sterbenden aus. Ich sehe sie in Wohnblocks, in Häusern auf dem Land, in Schulen und Universitäten, in Krankenhäusern und Bürogebäuden als stille Zeugen von Gottes Gegenwart. Überall, wo sie sind, bringen sie Frieden, nicht so sehr durch das, was sie sagen oder tun, sondern vor allem durch ihr Verbundensein mit den anderen, mit denen gemeinsam sie eine neue Gemeinschaft der Hoffnung bilden.

All diese Menschen sind in der Welt, sie sind jedoch nicht mehr von dieser Welt. Sie stärken sich untereinander in ihrem Glauben an ihre Berufung als Friedensstifter. Sie brauchen einander, um ihr Leben zu einem fortwährenden Anbeten Gottes zu machen. Sie geben sich Inspiration, materielle und moralische Unterstützung. Sie brauchen einander, um in der Freude zu bleiben und dankbar zu sein. Am meisten aber brauchen sie einander, um gemeinsam mitten in dieser atomaren Welt den lebendigen Leib Christi zu bilden. Bei jeder Zusammenkunft beten sie. Wann immer möglich, besuchen sie sich und schreiben einander. In Krisenzeiten besprechen sie sich und fragen sich gegenseitig um Rat, um die richtige Antwort zu finden. Manchmal handeln sie gemeinsam, jedoch nicht immer. Gelegentlich stehen sie im Rampenlicht, doch viel öfter leben sie still Meditierenden gleich. Sie werden geleitet vom Gesetz des Glaubens, der Hoffnung und der Liebe, das auf der Frohen Botschaft Jesu beruht. Sie übernehmen Verantwortung füreinander und sind stets offen für Kritik und neue Vorschläge. Ihr Hauptziel besteht darin, dem Willen Gottes zu folgen und nicht ihrem eigenen. Deshalb verwenden sie viel Zeit und Energie darauf, herauszufinden, zu welcher Art Leben oder Handlung sie berufen sind. Sie bilden Gruppen von Friedensstiftern in verschiedenen Teilen der Welt, einige Mitglieder der Widerstandsgemeinschaft leben jedoch auch allein oder weit vom Zentrum einer Friedensaktion entfernt. Die Gemeinschaft spielt in der Berichterstattung keine große Rolle. Manchmal erregen Einzelne zwar mit einer Veröffentlichung, einer Demonstration oder einem Akt zivilen

Ungehorsams Aufmerksamkeit, doch meistens heben sie sich nicht von der Gesellschaft ab. Es sind stille, ins Gebet vertiefte und freundliche Menschen. Sie sind nicht panisch, rastlos, aufgebracht oder feindselig. Am ehesten versuchen sie, nichts zu sein. So oft wie möglich finden sie sich zu Studientagen, zu gemeinsamem Nachdenken und gemeinsamem Gebet zusammen. Manchmal dienen diese Tage der Vorbereitung eines konkreten Friedensprojekts, doch meistens sollen sie das Band der Liebe und des Friedens mit ihrem Herrn und untereinander festigen.

Außenstehende halten sie für Mitglieder eines neuen Ordens, doch sie unterscheiden sich von den alten Orden. Es handelt sich um Männer und Frauen, zölibatär Lebende und Verheiratete, Junge und Alte. Sie stammen aus verschiedenen Kirchen und Konfessionen und sie leben an ganz unterschiedlichen Orten. Sie alle jedoch sind Friedensstifter, Söhne und Töchter Gottes, vereint in ihrem Bemühen, den Frieden Christi in diese Welt zu bringen. Mit einer Stimme sprechen sie ihr Nein zum Tod und dem Bösen, gemeinsam bejahen sie das Leben, wann immer und wo immer sie können. In dieser weltweiten Gemeinschaft des Widerstands, die angesichts der atomaren Bedrohung weiter wächst, wird die alte Botschaft wieder aktuell. Worte, die ihre Bedeutung verloren hatten,

Friedensstifter errichten ein neues Haus,
einen Wohnort für Gott,
einen Tempel für den Höchsten.

gewinnen neue Kraft, alte Symbole verraten ihre Kraft der Verständigung, nicht mehr ernst genommene Ideen werden allmählich wieder verwendet, um zum Ausdruck zu bringen, was gesagt werden muss. Zunehmend entwickeln sich neue Worte, neue Symbole und neue Ideen werden erprobt. Es hat einen froh machenden Sinn, dass ein neues Haus errichtet wird, ein Haus des Friedens, ein Wohnort für Gott, ein Tempel für den Höchsten. Das Volk Gottes bildet die Steine, in der Sonne hell erstrahlende Steine. Weil dieser Tempel von nah und fern Beachtung findet, lassen immer mehr Menschen ihre Welt des Krieges zurück und steigen hinauf zu dem neuen Tempel. Auf ihrem Weg nehmen sie ihre Helme ab und lassen ihre Waffen am Straßenrand zurück. Ihre ruhelosen Augen entspannen sich und blicken umher, ihre Hände klammern nicht mehr, sondern berühren sanft die Hände der anderen und je näher sie dem Tempel kommen, desto mehr wandelt sich ihr Geschrei in Gesang und ihre Stimmen vereinigen sich mit den Stimmen der anderen. Dann vernimmt die Welt, was sie lange nicht gehört hat:

„Wie liebenswert ist deine Wohnung, Herr der Heerscharen! Meine Seele verzehrt sich in Sehnsucht nach dem Tempel des Herrn. Mein Herz und mein Leib jauchzen ihm zu, ihm, dem lebendigen Gott ... Wohl denen, die

Auferstehung ist als
fortdauernde Realität im Leben der
Gemeinschaft zu verstehen.

wohnen in deinem Haus, die dich allezeit loben. Wohl den Menschen, die Kraft finden in dir, wenn sie sich zur Wallfahrt rüsten." (Psalm 84,2-3.5-6)

Eine neue Erde wird gestaltet und die Gemeinschaft des Widerstands wird zu einer Gemeinschaft von Lob und Dank.

Dankbarkeit

Die Gemeinschaft der Friedensstifter findet sich nicht nur zum Widerstand zusammen, sondern auch zum Gebet. Doch weder Gebet noch Widerstand sind ohne den Kontext der Gemeinschaft in ihrer ganzen Bedeutung zu verstehen. Beide sind Ausdruck eines Vertrauens auf den Auferstandenen. Die Auferstehung Jesu, die in der Gemeinschaft der Christen gefeiert wird, ist viel mehr als ein lange zurückliegendes Ereignis, dessen heute in Freude gedacht wird. Die Auferstehung ist als fortdauernde Realität im Leben der Gemeinschaft zu verstehen. Deshalb kann Widerstand niemals die ängstliche Abwehr eines schlimmen Ereignisses sein. Im Gegenteil: Widerstand ist ein Nein, das aus der wirklichen Gegenwart des Herrn entspringt, der von sich sagt: „Ich bin das Leben" (Johannes 14,6). Deshalb kann auch das Gebet niemals die panische Bitte sein, eine Katastrophe abzuwenden. In der täglichen Praxis der Gemeinschaft ist das Gebet zuerst ein Ausdruck des Danks für das bereits Erreichte.

Leben in der Gemeinschaft bedeutet, in fortwährender Dankbarkeit gegenüber dem Herrn zu leben, mit dem zusammen wir wohnen. Die Gemeinschaft zeigt, dass echtes Gebet immer zum Dank dafür führt, was wir bereits bekommen haben. Sogar das Stoßgebet um Gottes Hilfe lässt sich nicht vom Geist der Dankbarkeit trennen. Jesus selbst erklärt es: „Wenn ihr betet, sollt ihr nicht plappern wie die Heiden, die meinen, sie werden nur erhört, wenn sie viele Worte machen. Macht es nicht wie sie; denn euer Vater weiß, was ihr braucht, noch ehe ihr ihn bittet" (Matthäus 6,7-8). Wir bitten nicht, um einen zögerlichen Geber zu überreden. Wir bitten niemanden um Hilfe, der von unserer Not überzeugt werden muss. Wir bitten den Geber aller guten Gaben, der uns so sehr liebt, dass er uns nichts vorenthält, dessen wir bedürfen. Als Glaubensgemeinschaft erinnern wir uns ständig gegenseitig daran, dass wir sogar dann dankbar sein müssen, wenn wir leiden, wenn wir niedergeschlagen sind, ja selbst wenn alles schiefzugehen droht. Dazu sind wir fähig, weil wir wissen, dass die Welt, in der wir leiden, schon überwunden ist. Dieser Sieg ermöglicht es, dass wir immer und überall dankbar sind. Vor seinem Tod belehrt Jesus seine Jünger über die Ablehnung und Verfolgung, die sie in ihrem Leben erleiden werden, er sagt ihnen aber auch zu, dass ihr Leiden sie nicht ihres Friedens beraubt: „In der Welt seid ihr in Bedrängnis; aber habt Mut: Ich habe die Welt besiegt“ (Johannes 16,33).

Wenn irgendein Begriff das Leben der Friedensstifter charakterisiert, dann „Dankbarkeit“. Echte Friedensstifter sind dankbare Menschen, die den Frieden Gottes beständig in sich und untereinander wahrnehmen und feiern. Das mag zunächst sentimental klingen, doch wer Zeiten des Schmerzes und der Qual durchlebt hat, weiß um das Geheimnis der Dankbarkeit. Er hat erfahren, dass er im leidenden Christus auch dem Christus des Friedens begegnet. Wann immer unser Leiden das Leiden Christi und unsere Qual seine Qual werden, wissen wir zutiefst, dass Leid und Qual unsere Dankbarkeit nicht zerstören können, denn in ihm haben wir unseren Frieden gefunden, einen Frieden, der nicht von dieser Welt ist. Unser Planet ist von einem atomaren Holocaust bedroht, der jedes menschliche Leben auslöschen kann. Angesichts dessen zu danken scheint geradezu lächerlich. Doch wenn wir begreifen, dass auch Christus diese atomare Qual und Verzweiflung durchlitten und am Kreuz überwunden hat, kann unsere Dankbarkeit sogar noch tiefer und stärker sein.

Wer Zeiten des Schmerzes
und der Qual durchlebt hat,
weiß um das Geheimnis
der Dankbarkeit.

Wenn wir uns den Dämonen der Gewalt und der Zerstörung alleine stellen wollen, fühlen wir uns sehr schnell machtlos. Diese Erfahrung von Machtlosigkeit führt leicht zu Wut. Andauernde Wut aber führt zu Ressentiments.
Ressentiment ist das Gegenteil von Dankbarkeit. Es ist Ausdruck eines verhärteten Herzens, das nichts Neues mehr erwartet und den Tod als unausweichlich hinnimmt. Ressentiment ist also ein Zeichen, dass wir Opfer der Finsternis dieser Welt sind und den Glauben an den einen verloren haben, der das Licht ist. Dankbarkeit hingegen wird möglich, wenn wir uns der Welt nicht alleine stellen müssen, sondern in unserem gemeinsamen Leben den lebendigen Christus gefunden haben und uns gegenseitig ganz konkret zeigen können, dass etwas Neues geschieht. Menschen, die in einer Gemeinschaft des Bekennens und der Vergebung leben, sagen immer Dank. In ihrem Zusammenleben, ob in physischer Nähe oder nicht, helfen sie anderen zu erkennen, wo sich der auferstandene Herr des Friedens zu erkennen gibt und seine verherrlichten Wunden zeigt. Es ist bemerkenswert, wie Dankbarkeit hervorbrechen kann, wenn echte Friedensstifter gemeinschaftlich zusammenarbeiten. Sie öffnen einander die Augen für die Schätze in ihrer Mitte. Diese Schätze hätten sie alleine niemals entdeckt.

Weiter oben habe ich schon über meine erste Reise nach

Das Beste des Menschseins sind Freundschaft, elterliche Fürsorge, gegenseitige Unterstützung, Heiterkeit und Vertrauen.

Peru geschrieben. Die Berichte über die Armut und den Hunger, die mangelnde medizinische Versorgung und das schlechte Bildungssystem hatten mich so aufgewühlt, dass ich das dringende Bedürfnis spürte, auf jede erdenkliche Weise meine Hilfe anzubieten. Menschen, die von meinen Plänen hörten, hielten mich für mutig und hochherzig. Doch als ich eine Weile unter den Peruanern lebte, ereignete sich etwas ganz anderes. Die Geistlichen, Priester und Schwestern, mit denen ich zusammenlebte, öffneten mir die Augen für die unzähligen Gaben, die die peruanischen Armen mir anboten. Sie ließen mich die tiefe Freude inmitten aller Traurigkeit und die große Fürsorge mitten in aller Unterdrückung erkennen. Sie führten mich zu den Ärmsten der Armen, in die erbärmlichsten Hütten. Doch sie wollten mir nicht die Armut, das Elend und die Unterdrückung vor Augen führen, sondern Menschen, die etwas Wunderbares zu geben haben. Sie öffneten mir die Augen für das Beste des Menschseins: Freundschaft, elterliche Fürsorge, gegenseitige Unterstützung, Heiterkeit, Vertrauen, die Fähigkeit, dem Schrecklichen mutig zu begegnen, und zahllose andere Gaben, die mir vorher verborgen gewesen waren. Als ich schließlich sagte, ich wolle mit diesen Menschen arbeiten, wurde mir klar, dass mein Grund nicht ihre Armut, sondern ihre Gaben und nicht ihre große Not, sondern ihre großen Fähigkeiten sein soll-

ten. Mir ging auf, dass Hilfe für die Armen in erster Linie ein Akt der Dankbarkeit sein sollte. Solange ich wegen meines schlechten Gewissens oder aus einem Gefühl heraus, gebraucht zu werden, handeln würde, wäre ich kein Friedensstifter, doch wenn ich dankbar das Leben und die Gaben mit ihnen würde teilen können, könnte eine Beziehung ohne Grenzen entstehen.
Die Arbeit zur Verhinderung eines Atomkriegs sollte nicht anders sein. Solange unsere Unruhe, Angst und unsere Schuldgefühle unsere Friedensarbeit bestimmen, können wir nicht auf Dauer durchhalten. Doch wenn wir uns gegenseitig die Augen öffnen für die vielen unterschiedlichen Gaben, über die wir alle verfügen, können wir die Friedensarbeit zu einer Lebenseinstellung machen. Der größte Dienst, den wir einander erweisen können, ist die gegenseitige Hilfe, vom Ressentiment zur Dankbarkeit zu finden. Die Politiker, Militärs und Zivilisten, die an dem gigantischen atomaren Vorhaben mitarbeiten, sind keine schlechten Menschen. Sie sind Männer und Frauen, die ihr Bestes geben, um ein anständiges Leben zu führen. Sie verstehen ihre Arbeit als wirklichen Dienst. Häufig sind sie ängstlich und besorgt und glauben, nur eine Vergrößerung der Verteidigungsausgaben könne uns vor der völligen Vernichtung durch unsere Feinde bewahren.
Als Gemeinschaft von Friedensstiftern ist es unsere vor-

dringliche Aufgabe, die großen Gaben anzuerkennen, über die auch diese Menschen verfügen. Wir müssen in ihnen dieselben fürsorglichen, liebenden und beunruhigten Menschen sehen, wie wir es sind. Auch sie sehnen sich nach Frieden und Freiheit, selbst wenn die Vorbereitung von Krieg ihr Weg zum Frieden ist. So wie wir einander unsere eigenen dunklen Seiten bekennen müssen, so müssen wir auch die Gabe des Friedens bei denen sehen, deren Leben und Arbeit wir zu ändern hoffen. Wenn auch diese Menschen ihre wahren Talente zum Friedensstiften begreifen, werden sie vielleicht frei genug, ihre Ängste zu überwinden, und besinnen sich auf ihre Fähigkeit, als Brüder und Schwestern auch ohne Gewehre, Bomben, Kampfflugzeuge, Marschflugkörper und Atom-U-Boote zusammenzuleben.

Die Gemeinschaft des Friedensstiftens ist eine eucharistische Gemeinschaft. Das Wort „Eucharistie" bedeutet Dankbarkeit. Überall wo Friedensstifter am Werk sind, verkünden ihre Worte und Werke die „gute Gnade" Gottes (*eu* = gut, *charis* = Gnade). Deshalb gehört die Eucharistie zentral zum gemeinschaftlichen Leben der Friedensstifter. In diesem Ereignis wird alle Friedensarbeit zusammengefasst. Ein kleines Stück Brot und ein kleiner Kelch mit Wein werden erhoben und geteilt. Dazu werden die Worte Jesu gesprochen: „Das ist mein Leib, das ist mein

Himmel und Meer, Wälder und Täler, Flüsse und Berge, Vögel und alle Tiere, Kinder, Männer und Frauen sind Verwirklichungen der unerschöpflichen göttlichen Großzügigkeit.

Blut.“ Wir nehmen von der Erde, was uns Kraft gibt, und erheben es zu ihm, der es sich zu eigen macht. Kleine menschliche Gaben werden zu Gottes großer Gabe, zu seiner Selbsthingabe für uns alle. Wir geben Gott einen Teil von uns; er gibt sich uns ganz. Wir bitten Gott, unseren Hunger und unseren Durst zu begreifen; er gibt uns mehr, als wir jemals erbeten haben. Wir äußern einen billigen Wunsch; er reagiert auf eine Sehnsucht so groß, wie sie uns nie bewusst war, die Sehnsucht, für immer in seinem Haus zu wohnen und an seinem Tisch zu sitzen. Wir zeigen eine bescheidene Geste der Dankbarkeit; er zeigt uns seine grenzenlose Großzügigkeit. Wir erkennen, dass alles ein reines, unverdientes Geschenk ist. Wir verstehen, dass Himmel und Meer, Wälder und Täler, Flüsse und Berge, Wiesen und Wüsten, Vögel und alle Tiere, Babys, Kinder, Jugendliche, Männer und Frauen jeden Alters, jeder Rasse und jeder Religion Verwirklichungen dieser unerschöpflichen göttlichen Großzügigkeit sind. Jedes Mal, wenn wir das Brot brechen und den Kelch mit den Menschen von überall auf dieser ängstlichen, von Krieg überzogenen Welt teilen, sprechen wir zueinander: „Alles ist Geschenk, Bruder; alles ist Geschenk Schwester; alles ist Geschenk ... Erhebe dein Gesicht zu ihm, der schenkt, und danke ihm.“ Dann wissen die Menschen, dass sie nichts mehr horten müssen, dass sie nichts mehr vertei-

Leben ist Geschenk und nicht Besitz, den der Mensch verteidigen muss.

digen müssen, dass sie um nichts mehr kämpfen müssen. Alles wird von dem einen Liebenden in solcher Fülle gegeben, dass kein Mensch an irgendetwas Mangel leidet. Sind

dafür irgendwelche Bedingungen und Voraussetzungen zu erfüllen? Nein, wir müssen nur das Leben als das begreifen, was es ist: als Geschenk, für das wir nur dankbar sein können, und nicht als Besitz, an den wir uns klammern, den wir horten und verteidigen. Alles, was von uns erwartet wird, ist dies: Wir sollen begreifen, dass wir so umfassend, tief und bedingungslos geliebt sind, dass Gottes Fülle unsere Fülle ist.

Darum geht es bei der Gemeinschaft der Friedensstifter. Sie verkündet Gottes grenzenlose Großzügigkeit und erinnert uns daran, dass wir für alles, was uns zuteilwird, zu danken haben. Wenn aus jeder Ecke der Welt Dankesworte laut werden, werden die Abhängigkeiten der Menschen weichen und wir werden alle unsere Augen erheben zu ihm, von dem alles Gute kommt. Wir werden erkennen, dass er uns alle aufs Innigste liebt und als Brüder und Schwestern in der überaus vielfältigen Menschheitsfamilie erschaffen hat. Dann können wir wirklich zusammen am selben Tisch sitzen und feststellen: „Wie gut und schön ist es, wenn Brüder [und Schwestern] miteinander in Eintracht wohnen“ (Psalm 133,1).

Wenn diese Worte der Dankbarkeit erklingen, wird der

Kriegslärm verstummen. Die Menschen werden einander mit Tränen in den Augen ansehen, wenn ihnen klar wird, wie viel Zeit und Energie sie dafür vergeudet haben, eine Hölle zu bauen, in der sie einander verbrennen können.
Dann werden die Raketen in ihren Silos vor sich hinrosten, die U-Boote werden abgewrackt und die Kampfflugzeuge werden im Museum die Kinder an schlimme, aber längst vergangene Zeiten erinnern.

So sieht die Vision der Friedensstifter aus. Als Friedensstifter sind wir nicht blind für die Realität, in der wir leben. Wir verleugnen die atomare Bedrohung und die Tatsache nicht, dass der Mensch seine eigene Spezies vernichten kann. Wir werden Freunde und Fremde vor der gefährlichsten Lage warnen, in der unser Planet jemals war. Doch zu Friedensstiftern werden wir nicht aus Angst oder Bedrohung, sondern durch die Vision einer neuen heiligen Stadt, die vom Himmel kommt, der Stadt des Friedens, der Stadt ohne Schmerz und Qual, der Stadt, in der Gott seine Wohnung in unserer Mitte bereitet. Diese Vision ist kein ferner, utopischer Traum. Diese Vision wird bereits hier und jetzt in unserer eucharistischen Gemeinschaft Wirklichkeit. Es ist die Vision vom Herrn, der mitten im Kriegslärm und Kriegsspektakel bei uns ist. Jesus spricht: „Selig sind die, deren Augen sehen, was ihr seht ... Viele Propheten und Könige wollten sehen, was ihr seht, und haben es nicht gesehen“ (Lukas 10,23-24). Unsere Hoffnung beruht also auf dem, was wir bereits sehen. Was wir sehen, gibt uns immer wieder neuen Mut,

für den Tag Gottes zu arbeiten, an dem alle Mächte des Bösen unter seinen Füßen liegen und er für immer regieren wird. Wie könnten wir angesichts dieser wunderbaren Vision nicht dankbar sein?

Zusammenfassend: Gemeinschaft ist wesentlich für das Friedensstiften. Indem wir einander unsere eigene Wut, unsere Gier, unsere Ablehnung und unsere Gewalt bekennen und uns gegenseitig immer wieder die Vergebung Gottes zusagen, kann eine Gemeinschaft des Friedens unter uns entstehen. Diese Gemeinschaft, deren Mitglieder sich ihrer Schwachheit rühmen, jedoch der Kraft Gottes vertrauen, kann echten Widerstand gegen die Mächte der Finsternis leisten. Diese Gemeinschaft kann aber auch in einem unaufhörlichen Dankgebet die Gaben des Lebens zu Gott erheben. Die Gemeinschaft der Friedensstifter ist deshalb weit mehr als ein hilfreicher Zusammenschluss von Friedensaktivisten. Sie ist der von Freude und Dankbarkeit erfüllte Ort, an dem das neue Jerusalem sichtbar wird. Diesem Jerusalem reisen wir entgegen, doch um den Frieden dieses Jerusalems wissen wir schon jetzt in unserem Herzen. Von dieser Gemeinschaft steigt das Lied empor:

Die Gemeinschaft der Friedensstifter ist weit mehr als ein hilfreicher Zusammenschluss von Friedensaktivisten.

„Ich freute mich, als man mir sagte: ‚Zum Haus des Herrn wollen wir pilgern.' Schon stehen wir in deinen Toren, Jerusalem ... Erbittet für Jerusalem Frieden! ... Friede wohne in deinen Mauern, in deinen Häusern Geborgenheit. Wegen meiner Brüder und Freunde will ich sagen: In dir sei Friede. Wegen des Hauses des Herrn, unseres Gottes, will ich dir Glück erflehen." (Psalm 122,1-2.6-9)

Zusammenfassung

„Selig sind die Friedfertigen, denn sie werden Kinder Gottes heißen“ (Matthäus 5,9). Diese Worte Jesu bilden die Grundlage dieses Buchs. Sie sind universal und zeitlos gültig, doch in einer Gesellschaft, die jeden Tag mehr Atomwaffen entwickelt, und in einer Zeit, in der sich die Gelegenheiten für ihren Einsatz mehren, sind sie zu Schlüsselworten für unser heutiges Leben als Christen geworden.

In diesem Buch habe ich versucht, eine Spiritualität für Friedensstifter zu entwickeln. Ich habe unsere Berufung, im Geist Jesu Christi zu leben, aus dem Blickwinkel unserer zunehmenden Einsicht betrachtet, dass Frieden unsere Hauptaufgabe ist. Seit die zwölf Apostel der Welt die Frohe Botschaft Jesu verkündigt haben, gelten Gebet, Widerstand und Gemeinschaft als notwendiges Merkmal christlichen Lebens. In einer vom Ende der Zeit bedrohten Lage sind Gebet, Widerstand und Gemeinschaft bedeutend wie nie zuvor. In der gegenwärtigen atomaren Bedrohung wird Gebet letztlich zum Überleben, Widerstand wird zu einem radikalen Nein zur todesverfallenen Welt und Gemeinschaft wird zum Grundstein einer spirituellen Heimat, die kein Marschflugkörper, keine Langstreckenrakete und kein Atom-U-Boot zerstören kann. Heute im Geist Christi zu leben bedeutet, sich für einen Weg in der Welt zu entscheiden, auf dem den Mächten der Zerstörung keinerlei Tribut gezollt wird. Es bedeutet eine kompromisslose Weigerung, sich zu den Mächten zu stellen, die unseren Planeten ins Vergessen stürzen wollen. Es bedeutet, voll und ganz zum gekreuzigten und auferstandenen Herrn zu gehören.

Der Hauptgedanke dieses Buchs besagt, dass die vollkommene Zugehörigkeit zu Christus keine Flucht aus der Welt ist, sondern der einzig mögliche Weg, als Friedensstifter in dieser Welt zu leben. Nur durch die Zugehörigkeit zu Christus allein, nur indem wir als Brüder und Schwestern Jesu, als Söhne und Töchter Gottes leben, können wir den zerstörerischen Kräften des Bösen widerstehen und in dieser Welt zusammenarbeiten, um einen kollektiven Suizid aufzuhalten. Wenn es uns gelingen sollte, einen atomaren Holocaust abzuwenden und unsere Gesellschaft auf den Weg der Abrüstung zu bringen, dann nicht, weil wir Abschreckungspolitik und das Gleichgewicht des Schreckens geschickt anzuprangern vermögen, sondern weil wir unseren Platz im Haus Gottes gefunden haben. Nur diejenigen, die nicht zu dieser Welt gehören, können ihr den ersehnten Frieden bringen. Nur wer sein Leben jenseits der Mächte und Prinzipien, die diese Welt regieren, sicher verankert hat, kann diese Welt in Freiheit betreten und ihr Frieden bringen.

Das heißt nicht, dass wir politische oder sozioökonomische Strategien ablehnen sollten. Im Gegenteil: Sie können konkrete Wege sein, um in dieser Welt zu leben. Lobbyismus, Abrüstungskampagnen, Antiarmutsprogramme und andere Friedensaktivitäten sind unabdingbar für eine bessere Welt. In der Frohen Botschaft Jesu ist kein Platz für eine Elfenbeinturm-Spiritualität. Doch bei all unseren Aktivitäten müssen wir uns von dem Wort des Paulus leiten lassen: „Was immer ihr auch tut, tut alles zur Verherrlichung Gottes“ (1. Korinther 10,31). Alles hängt davon ab, ob wir zu Gott gehören oder zur Welt, ob wir im Haus des Friedens leben oder in den Wohnungen derer, die den Krieg vorbereiten. Dieses Kriterium hat wenig mit Frömmigkeit zu tun. Es erfordert eine Trennung von der Welt und den Willen, unser Verhalten nicht von Erfolg, Ansehen oder Macht bestimmen zu lassen. Es erfordert ein völlig auf den Herrn des Friedens ausgerichtetes Engagement, selbst wenn das Zurückweisung, Verfolgung, ja den Tod zur Folge hat. Da das Überleben der gesamten Menschheit auf dem Spiel steht, gibt es keine halbherzigen Lösungen. Jesu Wort „Wer nicht mit mir sammelt, der zerstreut“ (Matthäus 12,30) ist herausfordernd wie nie.

Mit diesem Buch will ich Friedensstiftern Hoffnung geben. Ich habe versucht, meine Hoffnung nicht auf die Vorhersage zu stützen, dass es uns gelingen wird, einen atomaren Holocaust zu vermeiden. Es besteht derzeit wenig

In der Frohen Botschaft Jesu
ist kein Platz
für eine Elfenbeinturm-Spiritualität.

Grund zum Optimismus. Die beteiligten Mächte scheinen geradezu versessen darauf, Konflikte zu schüren. Jedem vernünftig denkenden Menschen ist klar, dass der kleinste Fehler eine unbeschreibliche Katastrophe auslösen kann. Ich habe versucht zu sagen, dass wir der Möglichkeit eines Atomkriegs ins Auge sehen und mit all unserem Vermögen darauf hinwirken können, ihn zu verhindern, und dass wir zugleich darauf vertrauen dürfen, dass der lebendige Gott uns sicher in seiner Hand hält.

Hier ist unsere Hoffnung verankert. Mit dem Bild von Gottes Haus möchte ich die spirituelle Zugehörigkeit zum Ausdruck bringen, die kein menschlicher Zorn und keine menschliche Gier zerstören können. Im Jakobusbrief heißt es über die Weisheit von oben, an der wir als Friedensstifter teilhaben: „Wo nämlich Eifersucht und Ehrgeiz herrschen, da gibt es Unordnung und böse Taten jeder Art. Doch die Weisheit von oben ist erstens heilig, sodann friedlich, freundlich, gehorsam, voll Erbarmen und reich an guten Früchten, sie ist unparteiisch, sie heuchelt nicht. Menschen, die Frieden stiften, streuen die Saat aus, die Frucht tragen wird in Heiligkeit“ (Jakobus 3,16-18).

Heiligkeit, das Leben mit dem einen Heiligen, ist die Frucht aller Arbeit für den Frieden. Friedensstifter kommen von Gott und kehren mit der Frucht ihrer Arbeit zu Gott zurück. Ihr Haus ist Gottes Haus, ihre Weisheit ist

Mit Gott versöhnt zu sein bedeutet,
im Frieden zu sein.

Gottes Weisheit, ihre Liebe ist Gottes Liebe. Sie haben dieses Haus, diese Weisheit und diese Liebe in und durch ihren Herrn Jesus Christus gefunden, der von Gott gekom-

men ist, um dieser Welt Frieden zu bringen, und der zu Gott zurückgekehrt ist, um alle Menschen als seine Brüder und Schwestern mitzunehmen. Der Frieden, den wir gefunden haben, ist der Frieden Gottes. Christus ist der erste Friedensstifter, denn er hat das Haus Gottes allen geöffnet und damit hat er die alte Schöpfung neu gemacht. Wir sind in die Welt gesandt, um in seinem Namen Frieden zu stiften. Das meint Paulus, wenn er von Versöhnung spricht: „Wenn also jemand in Christus ist, dann ist er eine neue Schöpfung: Das Alte ist vergangen, Neues ist geworden. Aber das alles kommt von Gott, der uns durch Christus mit sich versöhnt und uns den Dienst der Versöhnung aufgetragen hat. Ja, Gott war es, der in Christus die Welt mit sich versöhnt hat, indem er den Menschen ihre Verfehlungen nicht anrechnete und uns das Wort von der Versöhnung anvertraute. Wir sind also Gesandte an Christi statt und Gott ist es, der durch uns mahnt. Wir bitten an Christi statt: Lasst euch mit Gott versöhnen!" (2. Korinther 5,17-20).

Mit Gott versöhnt zu sein bedeutet, im Frieden zu sein. In Jesus Christus hat Gott uns Versöhnung und Frieden geschenkt, kein Mensch kann sie zerstören. Kein Land, keine

Armee, kein Präsident kann uns von diesem göttlichen Ort vertreiben. Und diese Zusage ermöglicht uns, tapfer zu sein und mit all unserer geistigen und spirituellen Kraft den Mächten des Todes zu widerstehen und mit tiefem Vertrauen zu verkünden, dass der Herr, unser Gott, der Herr des Friedens ist.